教育部人文社科项目“城市贫困人口居住空间及对其就业模式影响分析”（12YJC840010）

U0956311

侯学英 著

城市低收入人群职住空间特征及其经济效应分析

吉林大学出版社
长春

图书在版编目（CIP）数据

城市低收入人群职住空间特征及其经济效应分析 / 侯学英著 .—长春：吉林大学出版社，2019.10
ISBN 978-7-5692-5855-4

Ⅰ . ①城… Ⅱ . ①侯… Ⅲ . ①城市—居住—现状—研究—中国 Ⅳ . ① D669.3

中国版本图书馆 CIP 数据核字（2019）第 251933 号

书　　名　城市低收入人群职住空间特征及其经济效应分析
CHENGSHI DI SHOURU RENQUN ZHI-ZHU KONGJIAN TEZHENG JI QI JINGJI XIAOYING FENXI

作　　者：侯学英　著
策划编辑：李伟华
责任编辑：李伟华
责任校对：李潇潇
装帧设计：汤　丽
出版发行：吉林大学出版社
社　　址：长春市人民大街 4059 号
邮政编码：130021
发行电话：0431-89580028/29/21
网　　址：http：//www.jlup.com.cn
电子邮箱：jdcbs@jlu.edu.cn
印　　刷：北京虎彩文化传播有限公司
开　　本：787mm × 1092mm　1/16
印　　张：9
字　　数：140 千字
版　　次：2019 年 10 月　第 1 版
印　　次：2019 年 10 月　第 1 次
书　　号：ISBN 978-7-5692-5855-4
定　　价：68.00 元

版权所有　翻印必究

20世纪90年代以来，我国经历了一系列经济、社会的变革。在此背景下，我国城市中出现了一定规模的低收入人群。与此同时，我国城市的空间结构也发生了重组，城市的居住空间分异日趋明显，低收入人群开始在特定空间聚居，形成了低收入人群聚居区。这些低收入人群聚居区大多偏离城市中心区；而我国城市产业郊区化的趋势明显滞后于居住郊区化，大量就业岗位仍然保留在城市中心区。由此导致了我国城市居民职住空间的平衡性被打破，职住空间分离的空间失配趋势日益显著。

根据 Kain 教授提出的“空间失配”假说，城市低收入人群作为城市的弱势群体，其本身缺少居住地和就业地的选择与权衡能力，其居住与就业地之间的“空间失配”性更加显著，对其就业与收入产生了显著的消极影响。值得注意的是，我国城市的经济、社会发展水平、体制等发展背景与西方国家具有明显的差异性，我国城市中的低收入人群及其聚居区的产生机制和特征也与西方国家不同。因此，不能盲目借鉴和应用西方城市的发展规律和应对措施，需要通过大量实证研究进行对比和验证。

基于以上原因，需要对我国城市低收入人群的职住空间关系如何；与一般市民相比，其职住空间分离状况是否更加显著；长距离通勤是否成为低收入人群就业的空间障碍，以及西方国家针对城市低收入人群“空间失配”的相应政策是否能够被我国借鉴等问题进行深入研究。因此，在快速变革的背景下，研究新时期中国城市低收入人群的职住空间关系特征及其所产生的经济影响具有较强的理论和实践指导意义。

本研究基于城市地理学、城市经济学和城市社会学相结合的视角，以在二、三线城市中具有代表性的昆明市作为研究样本城市，以城市低收入人群这一弱势群体作为研究对象，利用大样本房租数据和低收入住区居民的问卷调查数据，分析了昆明市主城区低收入人群居住和就业空间的特征、内部差异、影响因素及其经济效应，全书共由七个部分构成。

第 1 章为绪论，首先介绍了本研究的背景，在对国内外相关研究进行梳理和评述的基础上，提出研究目标、研究框架和研究内容。

第 2 章为理论与方法，主要介绍了本研究的相关理论和所采用的研究方法。

第 3 章为昆明市低收入人群居住空间特征分析。本研究采用昆明市主城区 343 个小区的 1031 个房租数据，利用 GIS 空间插值方法对昆明市主城区居住空间分异进行了定量研究，并通过分析房租等值线的低价中心分布规律和空间自相关分析结果，揭示昆明市主城区低收入人群聚居区的空间分布特征和形成原因。

第 4 章为昆明市低收入人群特征分析。本研究将低收入住区居民作为低收入人群的代表，选择了昆明市主城区 13 个典型低收入住区，对其居民进行问卷调查和访谈。利用问卷调查数据，对低收入人群的社会经济属性和内部差异性进行了定量分析。

第 5 章为昆明市低收入人群职住空间关系特征分析。通过对通勤数据（通勤时间、通勤距离、通勤模式）、低收入住区类型、区位条件以及就业地点区位等相关数据分析，揭示了低收入人群居住与就业的空间关系、影响因素，以及不同类型住区、不同就业岗位的低收入人群职住空间关系的差异性。

第6章为昆明市低收入人群职住空间关系的经济效应分析。本研究通过建立包含空间虚拟变量的收入回归方程，揭示低收入人群居住与就业空间关系对其收入水平产生的影响，以及不同类型低收入住区居民职住空间关系经济效应的差异性。本研究最后分析了低收入住区的外部经济效应。

第7章为结论和建议。根据研究结果，从城市管理、城市规划、城市福利体系制定等方面提出帮助低收入人群克服就业空间障碍的相关对策与建议。

侯学英

2018年2月

目录

第1章 绪 论

伴随着城市化的快速发展和经济、社会的变革，我国城市中出现了一定规模的城市低收入人群，其空间分布也呈现出聚居的趋势。新时期我国城市低收入人群的特征不仅与计划经济时期传统的城市贫困人群具有明显差异，其产生背景、形成机制等方面与国外城市贫困人群也具有明显差异。由于新时期城市低收入人群及其聚居区自身的独特性，以及所引发的城市问题已经开始显现，近年来城市低收入人群的相关研究开始得到重视。通过对国内外相关研究梳理发现，我国目前尚缺乏从城市低收入人群这一微观视角，从多学科融合的角度，对其居住与就业空间关系及其所产生经济影响的相关研究。本章首先介绍了新时期我国城市低收入人群及其聚居区出现的时代背景和特征，在对国内外相关文献进行梳理的基础上，提出本研究的研究目标、研究框架和研究内容。

1.1 研究背景

计划经济时期，与农村中较大规模的贫困人口相比，我国城市中的贫困人群规模较小，主要是城市中的“三无”人员，即无固定生活来源、无劳动能力、无法定赡养人的人群。这一时期对贫困内涵的理解主要是基于温饱问题的绝对贫困。20 世纪 90 年代以来，我国经济社会发展取得了巨大成就，城市人民生活水平得到了大幅度提升。在此背景下，我国城市中基于温饱问题的绝对贫困基本得以解决，却仍存在一定规模的虽已解决了温饱问题，但其生活水平明显低于社会公认水平的低收入人群。为了体现与传统城市贫困人群的差异，体现贫困内涵认识由绝对贫困向相对贫困的转变，本研究采用了城市低收入人群的概念。

1.1.1 新时期我国快速城市化与城市低收入人群的产生

与美国、欧洲等国家相比，我国新时期城市低收入人群的出现具有明显的特殊性和复杂性。

第一，我国新时期城市低收入人群是伴随着快速城市化进程出现的。

如图 1.1 所示，快速城市化阶段是指城镇人口比重由 30% 提高到 70% 的阶段，此阶段西方发达国家用了 100 年左右的时间才完成。我国 1996 年的城镇人口比重达到了 30%，并且每年以 1.3% ～ 1.4% 的速度增加，到 2015 年我国城镇人口比重达到了 56%。照此速度，我国城镇人口比重将在未来 15 ～ 20 年后增长到 75% 左右[1]，达到发达国家的水平，即我国仅需要 40 年左右的时间就可完成西方发达国家历时 100 年的快速城市化阶段。

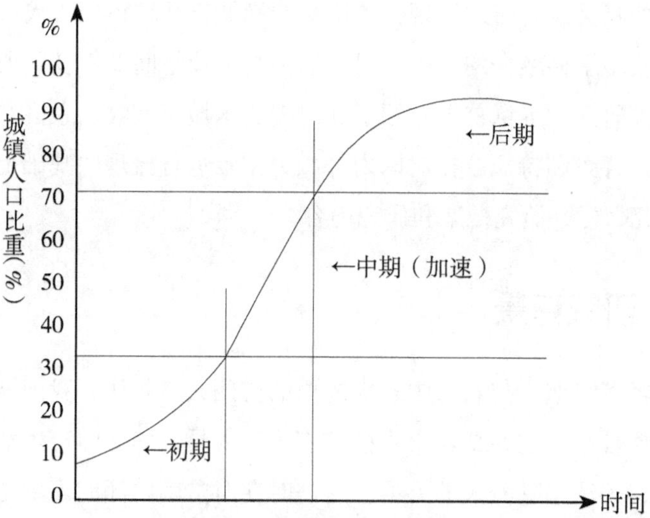

图 1.1 城市化一般规律

图片来源：吴志强，李德华 . 城市规划原理 [M] . 北京：中国建筑工业出版社，2010.

在快速城市化阶段，大规模人口向城市聚集，城市发挥了规模经济和集聚经济作用，使得资源配置更加合理，并且为大量农村剩余劳动力提供了就业岗位，城市成为经济社会发展的重要推动力。值得注意的是，我国快速城市化阶段历时远远短于西方发达国家，城镇化水平提高的速度在世界上是很少见的，我国的城镇化进程具有明显时间挤压的特点。这也意味着，我国城市在推进经济社会迅猛发展的同时，也可能在很短的时期内出现一系列的城市问题。这些城市问题可能在短时间内膨胀、相互交织、相互影响，并对城市和整个社会的和谐发展产生影响。同时，为了避免各种城市问题负面影响的加剧，城市管理者也需要在短时间内对这些城市问题有清醒的认识，并提出切实有效的应对措施。

第二，新时期城市低收入人群的形成机制多重、复杂，且相互交织、相互影响。

我国目前的快速城市化阶段同时又是一个急剧转型的过程：城市经济结构由最初的劳动密集型开始向资本密集型和智力密集型转型；城市的人口结构也发生了显著的变化，数亿农村剩余劳动力涌入城市，城市社会结构分层和极化现象日益明显；城市住房、医疗、养老等体系进行了商品化和市场化改革；城市也经历了郊区化、大规模旧城改造和城市更新等进程，城市的空间结构发生了重组。

这一系列的转型在非常短的时间内进行，且相互交织、相互影响。目前我国城市中这些转型过程相互之间的协调性较差，经济、社会、体制转型明显滞后于人口城镇化转型[2]。同时，城市内部的资源分配不均性加剧，城市中的社会阶层开始分化，也随之产生了一系列的城市问题。新时期城市低收入人群就是在这一系列转型背景下出现的，其产生机制是多重的、相互交织且复杂多变的。

1.1.2 新时期城市低收入人群的特征

新时期城市低收入人群与计划经济时期传统意义上的城市贫困人群具有明显的差异性。

（1）新时期城市低收入人群的规模较大

截至当前，我国还没有关于城市低收入人口的统计标准与统计数据，只能通过相关的其他数据来反映这一群体的规模。根据我国劳动与社会保障统计公报公布的数据，由于1998—2000年受国有企业改革的影响，全国下岗职工达到2137万人。大部分下岗职工受到年龄、劳动技能和教育水平等条件的限制，很难再次进入城市劳动力市场，就业率较低，就业岗位不稳定，成为城市低收入人群。此外，20世纪90年代以来，有大量农村剩余劳动力涌入城市。根据全国第六次人口普查数据，2010年我国有2.61亿流动人口，其中大部分为进城务工的农村剩余劳动力。这些外来进城务工人员，受到技术水平和教育水平等因素的限制，大部分从事劳动密集型行业和服务密集型行业，成为城市低收入人群。

（2）新时期城市低收入人群内部构成类型多样，面临的贫困问题复杂

在构成方面，除了传统的“三无”人员，新时期城市低收入人群还包括国企下岗职工、在岗低收入职工、外来进城务工人员、失地农民、贫困大学生等不同类型的群体[3]。在所面临的贫困问题方面，传统城市贫困主要停留在收入层面和温饱问题上。而新时期城市低收入人群面对的贫困问题较为复杂，除了收入贫困层面，还包括住房贫困、医疗贫困、教育贫困、城市服务贫困等多个方面[4]。

（3）新时期城市低收入人群的致贫机制多样

由于新时期城市低收入人群由不同类型的人群构成，因此其致贫机制也呈现出多样化的特征。例如，在城市产业结构和技术升级的背景下，失地农民、下岗职工等群体，受到年龄和技能等方面的限制，很难再次进入劳动力市场，进而陷入贫困。大量低收入的外来务工人员主要是受到制度条件限制，难以获得市民身份和享有市民待遇，因此在住房、医疗、养老、教育等方面生活成本较高，一旦遭遇住房、医疗等问题，则容易陷入贫困。除此之外，城市产业结构升级和福利体制改革使得低技能岗位减少、城市

生活成本提高，也产生了一定规模的在岗城市低收入人群。

与欧美国家相比，我国新时期城市低收入人群出现的时间较晚，与快速城市化进程，以及经济、社会、体制剧烈转型过程伴生出现，具有规模较大、类型多样、致贫机制和影响因素复杂等特征。在此背景下对新时期城市低收入人群进行研究，不仅具有一定的理论意义和实践意义，更具有时代的迫切性。

1.1.3 新时期城市职住空间关系变化与低收入人群聚居

计划经济时期，我国城市中社会阶层没有明显分异，同时受到单位供给制度影响，城市居民绝大部分以短距离通勤为主，呈现居住－就业空间平衡的特征。20 世纪 90 年代以来，我国城市中具有不同收入水平、文化背景等属性的人群开始在不同的空间聚居，呈现出了较为明显的居住空间分异趋势。与此同时，城市的空间结构发生了重组，居住与就业的空间关系发生了明显变化，呈现出了居住郊区化和就业中心化的趋势，城市居民的职住空间分离趋势日益明显。

在此背景下，转型期出现的城市低收入人群开始在特定空间集聚，形成了城市低收入人群聚居区。这些低收入人群聚居区由于受到地价、租金、建成历史、居住环境等多种因素的影响，大多呈现出远离城市就业中心、公共交通可达性差、城市基础设施和配套设施不完备等特征。与一般市民相比，城市低收入人群居住与就业空间分离的“空间失配”状况更为明显。

我国城市在经济社会发展水平、体制背景等方面与西方国家具有明显的差异性，同时我国城市中的低收入人群以及低收入人群聚居区的产生机制和特征也与西方国家不同，因此不能盲目借鉴和应用西方城市的发展规律和应对措施，需要通过大量实证研究进行对比和验证。基于以上原因，需要对我国城市低收入人群的职住空间关系、职住空间分离状况、长距离通勤对低收入人群就业的空间障碍影响，以及西方国家针对城市低收入人群“空间失配”的相应政策是否能够被我国借鉴等问题进行深入研究。由此可见，在当前背景下，对城市低收入人群职住空间关系及其经济效应进行研究，不仅具有较高的理论意义，而且还具备一定的实际应用价值，对我国城市和整个社会的和谐健康发展也具有重要意义。

1.2 研究综述

以上研究背景表明，以新时期城市低收入人群这一弱势群体为研究对象，对其居住与就业空间关系及其经济效应进行研究具有一定的理论和实践意义。本节对国内外相关研究进行梳理和评述，为本研究的研究目标、研究框架和研究内容的确定奠定基础。

1.2.1 国外相关研究

工业革命以来，国外学者从城市地理学、城市社会学、城市经济学等多个学科视角，对城市低收入人群进行了相关研究。研究表明，较大规模城市低收入人群的出现不仅会导致低收入人群自身及其家庭生活困难，而且还可能引发一系列城市问题。例如，从社会学的角度看，大规模城市低收入人群的出现可能引发社会排斥、社会动荡和犯罪率的增加[5]；低收入人群在一定空间聚居形成贫困邻里，受到贫困邻里消极效应的影响，将造成贫困文化和贫困的代际传递等问题[6-7]。从经济学的角度看，城市低收入人群的增加会增加地方财政反贫困项目的开支，增加警察、消防等一般公共服务的开支，加重城市财政负担，影响整个城市经济的健康发展[8]。同时，城市贫困的负面影响具有时间累积效应，其危害将随着时间而扩大，应对难度也将越来越大。

20世纪30年代，美国芝加哥学派以芝加哥市和底特律市为研究对象，采用人类生态学分析方法，结合土地利用模式来研究工业经济时代的城市空间分异和低收入人群空间分布规律[9]。伯吉斯提出的同心圆模型五个圈层中，紧邻中央商务区第二和第三圈层，是以低级破旧的住宅区、贫民窟和少数民族聚居区为主的贫困人群聚居区。在同心圆模型的基础上，霍伊特通过对住宅租金进行研究提出了扇形模型，指出低级住宅区不完全按照同心圆状分布，随着高收入阶层的外迁，低收入阶层也可能嵌入弃置的原高级住宅中。哈里斯和厄尔曼在扇形模型的基础上，以后工业化城市为研究对象，提出了多核心模型。除此之外，还有其他学派从不同角度来研究城市居住空间分异和低收入人群聚居问题，如实证主义学派、行为学派、种族－文化学派、韦伯学派和新韦伯主义。

20世纪70年代以来，北美及欧洲发达国家先后进入了后工业化社会，并伴随着大规模的城市蔓延和郊区化过程。随着中产阶级和就业岗位迁往郊区，城市中心地区（Inner City）就形成了大规模城市低收入人群聚居区（Poverty Neighbourhood）。大量实证研究表明，美国在1980—1990年间城市低收入人群集中程度加大、邻里衰落加剧，城市贫困邻里数量较大幅度增加[10]。在对其原因进行分析时发现，集中型贫困邻里的增加主要是由于就业岗位郊区化、内城白人大量向郊区迁移，以及中高收入人群从中度贫困邻里迁出[11]。这就加剧了内城低收入人群的集聚，特别是贫困黑人的内城集聚。结果不仅导致了美国城市的空间分异和隔离（Segregation）的进一步加剧，出现了内城贫民窟（Slum）。同时，大规模低收入人群聚居也引发了贫困邻里的社会孤立（Social Isolation）和社会排斥（Social Exclusion）[12]。

欧洲国家对城市低收入人群及其聚居区的研究出现较晚，与美国城市相比，欧洲国家城市在发展背景、福利体制以及空间结构等方面具有明显的差异。首先，与美国城市低收入人群聚居区主要集中分布在内城不同，欧洲城市的低收入住区一般多分布于城市边缘，大多数是带有福利性质、由城市政府提供的公共住房。以英国为例，由于政府在城市规划、贫民窟治理以及种族隔离的介入，城市低收入人群分布在城市外围边缘区，只有部分少数民族聚居区位于中心区[13]。其次，与美国城市相比，欧洲城市的低收入人群聚居由于规模较小、分布较为分散，且与中产阶级住宅区相互混杂，低收入人群聚居区产生的消极影响也较小。但近年来，欧洲国家福利体系进行了改革，城市中低收入人群聚居区产生的消极影响日益显著[14]。

20世纪六七十年代以来，美国和欧洲国家凯恩斯主义和福利国家政策后撤，新自由主义政策盛行，社会救助和公共住房项目缩减，城市低收入人群聚居形成贫困邻里的现象呈现总量增加和空间扩张的趋势，产生了严重的经济和社会后果[15-20]。贫困邻里不仅会对其居民参与劳动和取得社会经济成就带来负面影响，使其难以摆脱贫困，而且会形成贫困文化并导致贫困的代际传递。同时，贫困邻里产生溢出效应也会影响周边区域的经济发展和社会安定。人们开始认识到不仅城市低收入人群的规模能影响城市健康发展，低收入人群的空间分布也能对城市发展产生重大影响。因此，低收入人群的空间分布、贫困聚居及其影响已经成为国外城市贫困研究的一个重要方向。

John Kain 于 1968 年提出的“空间失配假说”就是研究城市低收入人群职住空间关系对其就业与收入产生的影响。根据“空间失配”假说，大量劳动密集型就业岗位迁往郊区，造成中心城区低收入人群的居住与就业空间不匹配和长距离通勤。而低收入人群由于缺少职住空间选择的权衡能力和长距离通勤的应对能力，职住空间分离会对其就业和收入产生较为明显的负面影响[21]。20 世纪 70 年代以来，以美国、欧洲等地的城市为对象的实证研究表明，居住 – 就业空间失配已经成为城市低收入人群的就业障碍。这不仅使低收入人群自身遭受福利损失，还对城市的社会经济发展带来负面影响[22-28]。基于相关研究结果，西方国家在城市规划、住房供应、公共交通设计、福利体系等方面，针对低收入人群的“空间失配”情况制定了应对措施，以减少“空间失配”的消极影响[29-34]。

1.2.2 国内相关研究

（1）城市贫困内涵认识的演变

国外对于贫困内涵的认识，经历了由绝对贫困向相对贫困、从狭义研究视角向广义研究视角的演变历程。绝对贫困指最低基本生活没有得到保证，温饱问题尚未解决的生存性贫困。相对贫困是指温饱问题虽已得到基本解决，但生活水平仍低于社会公认的基本生活水平。20 世纪 70 年代之前，由于经济社会发展水平较低，温饱问题是人们关注的重点，贫困研究主要基于绝对贫困概念的收入贫困。随着经济社会发展水平的提高，城市绝大多数人群的温饱问题基本得以解决。医疗、住房、劳动力市场参与、福利体系保障等更高层次的需求是否得到满足的相对贫困问题开始受到关注。1981 年 Sen 在其著作《贫困与饥荒——论权利与剥夺》中，首次使用权利方法来研究贫困与饥荒的产生，认为贫困不仅是收入的低下，更是能力遭到剥夺[35]。Sen 的贫困理论引发对于贫困更广泛、更深入的认识。20 世纪 90 年代开始，有些学者从经济学、社会学、发展学等多学科交叉、融合的角度，利用能力贫困、脆弱性、社会排斥等理论进行贫困问题研究[36-39]。

我国计划经济时期，城市中的贫困人群主要是数量极少的“三无”人员，对于城市贫困的认识主要是基于绝对贫困概念。进入 21 世纪，借鉴国外贫困问题研究的经验，在经济社会快速发展的背景下，城市贫困的关注重点也由绝对贫困转向相对贫困[40]，研究视角也从收支角度转向财富、效用、能力、权利和发展等多角度，提出将贫困的概念延伸到经济收入之外[41-42]，将身心健康、贫困风险抵抗力、城市居民的社会保障和福利的享有情况、社会参与和融合等生活状况纳入研究内容[43]。这体现了学者从不同学科背景和不同研究角度对城市贫困内涵理解的逐步深入和丰富的过程。

（2）多学科视角下我国城市低收入人群的相关研究

20 世纪 90 年代以来，由于我国城市低收入人群出现的独特时代背景和其本身的特殊性，城市低收入人群的相关研究逐渐得到重视。基于对城市贫困内涵逐步深入的研究历程，城市低收入人群识别指标也呈现出由单一指标到多维指标的演变历程。市场经济转型初期，对于城市低收入人群的认识主要是基于绝对贫困概念，采用单一的收入指标制定城市贫困线来进行识别。从 1993 年个别城市试点到 2001 年城市低保制度正式实施，我国将城市低保线作为城市贫困线来识别城市低收入人群。城市低保线作为识别标准较为简单易行，也能够反映出贫困的本质特征。城市低保制度基本能够解决城市的绝对贫困问题，是我国城市反贫困的最主要措施。但采用低保线作为城市低收入人群的识别指标也存在一定的片面性[44-46]。

首先，低保线的制定在很大程度上受到地方经济发展水平和政府财政能力的限制，不能完全覆盖城市低收入人群及大量农村进城务工人员；其次，低保线是基于温饱的绝对贫困标准，不能反映出温饱问题已得到基本解决，但生活水平仍低于社会公认基本生活水平的相对贫困内涵。以货币救助为主要手段的低保制度不能够满足低收入人群发展的需求，不能有效提高低收入人群摆脱贫困的能力。

随着城市贫困研究重点由绝对贫困转向相对贫困，研究视角由收入角度拓展到能力、权利、发展等多角度。采用单一指标来识别城市低收入人群已不能适应需求，学者开始构建多维指标识别城市低收入人群[47-50]。当前的多维贫困识别指标体系主要包括基本生活水平、脆弱性、能力、社会参与等维度[51-54]。这体现了我国城市低收入人群识别研究从单维转向多维、从理论研究转向实证的趋势。

当前城市低收入人群识别研究成果较为丰富，为进一步深入研究奠定了基础，但也存在一定的问题。

第一，由于对于城市贫困，特别是相对贫困没有形成一个规范、统一的认识，学者大都从自身的研究领域，从不同的侧重点来理解城市贫困，并构建城市低收入人群识别指标。各种指标之间具有一定的共性（一般都包含收入指标），但在能力、社会参与、权利等其他方面的指标选择上具有较大的差异性。

第二，城市低收入人群研究受到数据的极大限制。目前用于城市低收入人群研究的微观数据有三类：第一类是人口普查数据，优点是覆盖范围广，能够反映出全面的人口特征；缺点是时间跨度较长（每 10 年进行一次），且没有直接的人口收入和生活状态数据，只能从职业、住房类型与质量、收入来源等方面间接地判断人口是否陷入贫困状态。第二类数据是官方调查数据，如中国城镇家庭收入分配调查（CHIPS）、中国综合社会调查（CGSS）、中国家庭营养健康调查（CHNS）等数据。该类数据的优点是通过多个城市社会问卷调查，具有人口收入和生活状态等直接数据，可以进行城市之间的对比研究；缺点是样本数较少，很难全面反映出城市内部低收入人群的状况。第三类为相关研究的问卷调查数据。该方法的优点是：不仅可以获取个人较为详细的、包括收入在内的社会经济属性数据，而且问卷与访谈形式相结合，便于深入研究城市低收入人群实际面临的困难、致贫机制、脱贫能力等深层次问题。该方法的缺点是：由研究者制定调查问卷并组织调查，受到经费等因素限制，样本数量较少。此外，研究者的研究目标不同，制定的调查问卷并不统一，很难为其他研究借鉴和利用，也很难进行多城市的对比研究。

（3）我国城市居住空间分异的相关研究

计划经济时期，受到单位供给制度的影响，我国城市中并没有出现明显的居住空间分异现象，更不存在典型的城市低收入人群聚居区[55]。市场经济转型期，我国城市阶层分化日趋明显，不同阶层的居住空间开始形成，并开始相互隔离，随之产生了一系列社会问题。在此背景下，城市居住空间分异的相关研究开始得到关注。20世纪90年代开始，有研究分别从城市地理学、城市经济学、城市社会学等角度，以北京、上海等城市为研究对象，进行相关研究。

以北京为对象的研究发现，在北京城市空间扩张过程中，社会阶层分化已在一定程度上通过居住空间的分异进行表达，北京市的居住空间分异趋势日益显著[56]。有研究利用北京市分区、分街区的人口普查数据，分析了1982—2000年北京市居住空间分异特征，研究发现北京市“物区尺度”的居住空间分异已非常显著[57]。有研究利用住宅价格数据分析了北京主城区居住空间结构的变迁过程。研究发现北京市2004年居住空间分异开始显现，2014年北京市主城区已经形成相当明显的居住空间分异[58]。同时，还有研究发现北京市存在明显的社会极化现象，并且社会的两极分化在空间上已经有所体现，出现了“富人区”和低收入人群聚居区[59-60]。

在对上海居住空间的研究中，有学者采用2000年第五次全国人口普查数据库中居民委员会尺度的数据，对转型期上海城市空间重构与居住空间分异进行研究。研究发现目前上海存在严重的居住空间分异，主要存在6类居住区：计划经济时代建设的工人居住区、外来人口集中居住区、白领集中居住区、农民居住区、新建普通住宅居住区、离退休人员集中居住区[61]。还有研究选取了典型社区进行实证分析，揭示上海居住空间分异在微观空间层次上的现状和特征。研究表明，居住区内部的均质化与居住区之间的异质化两种趋势正在同时发生，市场因素正逐步成为影响城市居住空间分异的主要因素[62]。

以上研究表明，20世纪90年代以来我国城市，特别是特大城市的居住空间分异趋势明显。但受到计划经济时期城市住房政策及国情的影响，我国的城市居住空间分异程度还远未达到西方城市，特别是美国城市的严重程度。

（4）我国城市低收入人群聚居的相关研究

对城市居住空间分异的深入研究发现，城市低收入人群开始呈现出区位化特征，即开始在特定空间集聚，出现低收入人群聚居区[63-65]。20世纪90年代末以来，有学者以北京、广州、南京等城市为研究对象，对我国城市低收入人群的空间分布进行研究。

以北京为研究对象，有研究利用2005年和2009年北京市大规模居民调查问卷数据，对北京市低收入人群的居住空间进行研究。研究发现，低收入人群占比较高的街区单元主要分布在城市边缘和近郊区，并随着城市建设呈现向外扩展的趋势。与2005年相比，2009年北京市低收入人群呈现了初步集聚化的特征，出现了本地型、流动型和新移民型三种有代表性的低收入人群聚居区[66]。

以广州市为研究对象，有学者利用城市最低生活保障数据分析广州市低收入人群空间分布和演变特征。研究发现，2005年广州市低收入人群的空间分布呈现出整体非均衡性以及与老城区、工业区耦合的特征[67]。有学者利用广州市最低生活保障数据和第五次人口普查数据，构建综合贫困的指标体系，对城市低收入人群的空间分布进行了研究。研究发现，广州市内城区和外围局部地区存在贫困累积型分布的状况，呈现“圈层 + 局部放射”的低收入人群空间分布总体形态[68]。也有研究采用归纳法，分析了城市低收入人群聚居区的变迁、分类和特征。研究发现，广州市低收入人群聚居经历了“外围和中心区位—中心区位—中心和外围区位”的变迁，形成了“集中—分散—再集中”的分布演变过程。低收入人群空间分布的演变过程是体制和市场等多种因素共同作用的结果，与西方的贫困阶层聚居和贫困邻里的相关理论存在一定差异[69]。

以南京市为研究对象，有研究利用城市社会保障资料和典型社区问卷调查和访谈，对南京市低收入人群的空间分布进行了分析。研究发现，随着城市住房体制改革和住房商品化和私有化进程的逐步完成，南京市的低收入人群居住空间呈现相对集中分布的趋势，即低收入家庭向地价低廉的城郊结合带集中。同时，在城市中心区的外围也由于房地产开发无法获利而造成旧城区的衰退，从而形成低收入人群聚居区[70]。

有研究从低收入人群聚居区类型的角度进行分析，研究发现转型期我国城市低收入人群的空间分布表现为在邻里或社区层面上的集中，从而导致三种类型低收入人群聚居区的产生：旧城中的老旧小区、衰败的工厂家属区和城中村[71]。除此之外，近年来建设的各类保障性住区（包括廉租住区、经济适用住区、公租住区等），具有空间选址上的边缘性、建设的集中性、配套设施不完备等特征，成为城市低收入人群聚居区的新类型[72-75]。有研究以南京[76-78]、北京[79]、广州[80]、武汉[81-82]、杭州[83]等城市为对象，对保障性住区的区位特征、可达性、社会空间绩效进行了研究。研究表明，保障性住区的空间劣势特征可能导致低收入阶层向上流动受阻、社会阶层隔离与排斥，加剧贫困文化再生产，使得城市低收入人群阶层固化等问题。

进入 21 世纪，随着我国城市居住空间分异程度进一步加剧，城市中的低收入人群聚居区开始出现，并形成了一定规模，贫困集中所带来的负面影响开始显现，城市低收入人群空间分布的相关研究开始得到重视。由以上分析可见，目前大多相关研究主要关注低收入住区类型、演变过程以及形成机制等问题。在低收入人群聚居区的类型研究中，大部分相关研究达成了共识，即新时期我国城市低收入人群聚居区主要包括4种类型：衰败内城（即老旧小区）、职工大院、城中村及各类保障性住区。在形成机制方面，大部分研究认为新时期我国低收入人群聚居区的产生既受到计划经济住房配给制度的影响，又受到市场经济和住房市场化等多种因素的影响。

（5）我国城市职住空间关系及其影响的相关研究

①职住空间关系相关数据收集

通勤是人们离开居住地前往工作地的出行。居住地与就业地分离就会使居民产生通勤行为。因此，可以通过分析居民各种通勤指标（包括通勤时间、通勤距离、通勤模式等）来揭示其居住地与就业地之间的空间关系，即是职住平衡还是职住分离。城市居民出行和通勤的相关数据来源主要有以下三种方式[84]。

第一，活动日志和问卷调查法。活动日志调查的核心内容为调查居民一天24小时内所有的与研究相关的活动与出行及其时空信息，通常采取问卷调查的方式。活动日志调查的优势在于一天内活动与出行信息的连续性、完整性和全面性。与基于现代技术的调查方式相比，传统活动日志调查也存在一定缺陷：首先，由于活动日志全部由被调查者填写，其在回忆过去的活动/移动情况时无法避免时空信息误差的出现；其次，活动/移动信息的真实性和详细程度也会受到被调查者问卷填写态度的影响，主观性较强；最后，由于调查内容复杂、填写过程烦琐，活动日志的调查规模受到人力、物力、财力等调查成本的限制。

第二，基于GPS的移动数据采集。GPS是新一代以卫星为基础的电子导航系统，以其全天候、实时、高精度和自动测量的特点融入了经济建设和社会发展的各个领域。基于GPS的移动数据采集在居民出行和通勤行为调查中具有一定优势：首先，较高的时间精度，可进行实时数据的采集；其次，较高的空间精度，GPS的空间精确度在20米以内；最后，可以主动获取时空信息。移动数据采集方法也存在一定的缺点：一是需要为被调查者提供定位设备，调查者需要承担设备损坏或丢失的风险，调查规模也受到设备成本的限制；二是无法直接获取出行和通勤的详细信息，如通勤方式、出行类型等。

第三，基于LBS的手机移动数据采集。移动位置服务（Location-based Services，LBS）是移动运营商根据移动用户的当前位置，为个人提供特定的信息增值服务，其关键技术是手机移动定位。由于对手机使用者的隐私保护，目前最常见的LBS数据为手机通话数据，即当用户接打电话或收发短信时通过手机基站获取用户位置信息，该类数据可以从电信运营商处获得。国外很多学者和机构利用此类数据进行人类移动性、居民日常行为、旅游者游憩行为、城市空间结构、城市景观、社会网络等方面的研究。

基于LBS的手机移动数据采集在居民出行和通勤调查中的优势包括：不需要为被调查者额外提供定位设备；在有手机信号的地方即可进行定位，室内外均可进行数据采集；相对于传统的活动日志调查，时空精度有所提高。其缺点包括：调查对象为手机用户，会产生一定的样本偏差；数据的获取通常需要依托电信运营商；数据的时空精度取决于定位方式，当利用手机基站进行定位时，空间精确度受到基站密度和手机信号情况的影响。

② 我国城市职住空间关系及其影响

20世纪90年代以来，中国城市迅速向外扩张，城区面积不断扩大，城市中也经历了大规模的旧城和城中村改造、城市更新等进程，城市的空间结构发生了重组。受到房价和城市规划等因素的影响，我国大部分城市的居民大量迁往郊区，但就业岗位仍然保留在城市中心地区，出现了居住郊区化、就业中心化的特征。计划经济时期职住相邻的空间平衡模式逐渐瓦解，职住分离的空间失配趋势日益明显[85-86]。有学者对北京、上海、广州、南京等城市居民的通勤特征及其变化进行了实证研究。研究发现，在经济社会改革、郊区化和旧城改造等城市空间重组过程中，城市的居住－就业空间已经发生分离，居民中长及长距离通勤行为明显增加[87-102]。

值得注意的是，居民对于自身的通勤行为具有一定的主观选择能力，其居住区位的选择就是在预算约束下对住房成本和通勤成本进行权衡，以求效用最大化[103-104]。不同社会属性人群的权衡能力是不同的，根据John Kain（1968）提出的空间失配假说，居住地远离就业中心会导致居住-就业地点之间的“空间失配”，低收入人群由于缺少权衡和应对能力，空间失配对其就业和收入会产生较为明显的负面影响[21]。随着我国城市职住空间分离日趋明显、居民长距离通勤普遍增加，以及对城市低收入等弱势人群的重视，城市低收入人群职住空间关系及其影响的空间失配相关研究开始受到重视。但我国城市的空间失配与美国城市存在明显差异。

第一，从空间失配的形态来看，与美国低收入人群的居住内城化、工作岗位郊区化不同，我国城市居住空间郊区化趋势明显，而大量的工作岗位仍然保留在城市中心地区，从而形成了空间失配。

第二，从受损人群角度来看，美国城市空间失配的主要受损人群为内城黑人和其他低收入有色人种。我国不存在种族问题，城市空间失配受损人群主要是城市低收入人群等弱势人群。

第三，从空间失配的产生机制来看，美国存在种族歧视问题，特别是住房和贷款市场上的种族歧视，抑制了内城黑人向工作增长区域的移动。我国则不存在种族问题，阻碍低收入人群在就业中心附近居住的主要因素是经济因素。

我国目前关于“空间失配”假说的相关研究主要以理论研究为主，系统介绍了美国学者20世纪60年代以来关于“空间失配”的假说与部分大城市弱势群体（如低收入居民、少数民族和妇女）的就业问题，梳理了国外学者如何看待大城市弱势群体就业障碍问题，以及所采用的研究方法和模型的演进过程，在此基础上，结合我国国情提出“空间失配”假说对中国城市发展的启示[105-110]。目前尚缺少以大量二、三线城市为研究样本，从住区这一微观层面，针对低收入人群这一城市中的弱势群体进行职住空间关系及其经济效应的实证研究[111-113]。

1.2.3 文献综述小结

国外相关研究表明城市低收入人群的规模能影响城市健康发展，低收入人群的空间分布也能对城市发展产生重大影响。低收入人群的空间分布、贫困聚居及其影响已经成为国外城市贫困研究的一个重要方向。

新时期我国城市发展取得了巨大成就的同时也出现了一定规模的低收入人群及低收入人群聚居区。由于新时期我国城市低收入人群出现时间较晚，其影响并未像欧美国家那样显著，因此其相关研究近年来才开始得到重视。学者从城市地理学、城市社会学、城市经济学等视角对新时期城市低收入人群、城市居住分异与低收入人群聚居、城市职住空间关系变化等方面进行了研究，取得了较为丰富的研究成果，但其中仍有一些问题值得进一步研究和探索。

第一，我国新时期城市低收入人群的研究主要侧重于相对贫困层面，这体现了对城市贫困内涵理解的逐步深入和丰富的过程。但我国目前由于缺少官方权威的、大样本的城市低收入人群微观数据，使得城市低收入人群识别及其相关研究受到了极大的限制。

第二，大量城市居住空间分异相关研究为新时期我国城市低收入人群空间分布研究提供了良好的开端，但关于城市低收入人群聚居区仍然有许多问题值得深入研究。首先，目前相关研究大部分限于北京、南京、广州等一线城市的部分社区案例，数据的获得主要依靠社会问卷调查。受到问卷数量的限制，不能完全定量地表示出城市低收入人群的居住空间分布特征。同时以极少数一线城市作为研究样本，其研究结果缺少可借鉴性和对比性。其次，当前研究主要侧重于低收入人群聚居区类型的识别，没有进一步深入探寻不同类别住区中人群的差异性和不同类型聚居区产生原因的差异性，没有进一步深入研究低收入人群聚居区所引发的经济和社会影响。

第三，目前我国关于城市居民职住空间关系的研究大多是基于城市地理学视角，通过分析城市或城市中某些特定区域居民的通勤行为，揭示中国城市转型和空间结构重组特征。很少有研究从城市社会学、城市地理学和城市经济学相结合的视角，从个体微观角度对城市中某些特定群体的通勤行为和职住空间关系进行分析。近年来虽然有学者开始关注中国城市低收入群体的通勤和职住空间关系问题，但基于多学科融合视角，从微观层面定量揭示低收入人群职住空间特征、内部差异、影响因素及其经济效应的研究较少。这就使在城市管理实践中，很难客观认识职住空间关系对低收入群体的影响，也难以有针对性地对其提供帮助。

目前我国城市空间失配的相关研究主要集中在理论介绍和对中国城市发展的启示方面。而我国城市空间失配的表现形式、受损人群和形成机制等方面与美国城市存在明显差异，因此需要以中国城市为研究样本的实证研究对“空间失配”假说进行验证和对比。目前我国尚缺少以二、三线城市为研究样本、以城市低收入人群为研究对象的空间失配实证研究。

1.3 研究框架与研究内容

1.3.1 研究样本城市的选择

本研究以昆明市作为样本城市。昆明市是云南省省会，是云南省的政治、经济和文化中心，是中国西部重要的中心城市之一。与中国其他大城市相似，昆明市从 20 世纪 90 年代末以来也经历了城区快速扩张、郊区化、大量外来人口涌入等过程，但与北京、上海、广州等一线城市相比，昆明市在社会经济发展水平、外来人口、城市空间结构及低收入住区类型等方面具有一定的独特性。

第一，从经济社会发展水平来看，昆明市的人均 GDP、在岗职工年平均工资等指标在 289 个地级以上城市中排名均在百名之后，属于经济社会发展水平中等偏下的二线城市。

第二，昆明市外来人口主要来自云南省其他州市和邻近省份，受教育水平相对较低，专业和技术性人员较少，主要从事劳动密集型和服务密集型工作。

第三，从空间结构来看，昆明市属于典型的单中心城市，其空间结构不仅能够代表我国绝大多数二、三线城市的空间结构特征，同时单中心的空间结构使居住 - 就业的空间关系相对简单，便于进行定量化研究。

由此可见，以昆明市为研究样本城市，充分考虑到了昆明二线城市的经济地位和单中心城市的空间结构特征，使得研究结论具有一定的代表性和借鉴性。

1.3.2 研究框架与研究内容

研究基于城市地理学、城市经济学和城市社会学相结合的视角，在城市居住分异和空间结构重组的背景下，定量揭示城市低收入人群这一弱势群体的职住空间关系特征、内部差异、影响因素及其经济效应。研究可为进一步探索城市弱势群体的就业障碍和居住空间隔离等问题提供理论基础，并为城市管理、城市规划、城市住房空间布局、城市公共交通设计等方面提供实践指导。

第 1 章为绪论，首先介绍了研究的背景，即为何要对新时期城市低收入人群职住空间特征及其经济效应进行研究。在对国内外相关研究进行梳理和评述的基础上，提出了研究目标、研究框架和研究内容，并归纳了研究的理论和实践意义。

第 2 章为理论与方法，主要介绍了本研究的相关理论和所采用的研究方法。其中相关理论分别从哲学、城市经济学、城市地理学、城市社会学角度介绍了社会空间辩证法、城市居住空间分异相关理论、互换与权衡理论和空间失配理论。研究方法主要介绍了研究采用的社会调查及问卷方法和 GIS 空间分析方法。

第 3 章为昆明市低收入人群居住空间特征分析。研究采用昆明市主城区 343 个小区的 1031 个房租数据，利用 GIS 空间插值方法对昆明市主城区居住空间分异进行了定量研究，并通过分析房租等值线的低价中心分布规律和空间自相关分析结果，揭示昆明市主城区低收入人群聚居区的空间分布特征和形成原因。

第 4 章为昆明市低收入人群特征分析。城市低收入人群作为城市弱势群体，其属性特征与一般市民存在一定差异。同时，城市低收入人群内部构成并不是均质的，不同类型低收入人群的职住空间关系也会存在一定差异。因此，在进行职住空间关系分析之前，要对低收入人群自身的特征，特别是其内部构成的差异性进行分析。本研究将低收入住区居民作为低收入人群的代表，选择了昆明市主城区 13 个典型低收入住区，对其居民进行问卷调查和访谈。利用问卷调查数据，对低收入人群的社会经济属性和内部差异性进行了定量分析。

第5章为昆明市低收入人群职住空间关系特征分析。通过对通勤数据（通勤时间、通勤距离、通勤模式）、低收入住区类型、区位条件以及就业地点区位等相关数据分析，揭示了低收入人群居住与就业的空间关系、影响因素，以及不同类型住区、不同就业岗位的低收入人群职住空间关系的差异性。

第 6 章为昆明市低收入人群职住空间关系的经济效应分析。研究通过建立包含空间虚拟变量的收入回归方程，揭示低收入人群居住与就业空间关系对其收入水平产生的影响，以及不同类型低收入住区居民职住空间关系经济效应的差异性。本研究最后分析了低收入住区的外部经济效应。

第 7 章为结论和建议。根据研究结果，从城市管理、城市规划、城市福利体系制定等方面提出帮助低收入人群克服就业空间障碍的相关对策与建议。

1.3.3 研究意义

（1）理论意义

第一， 从时代背景的角度来看，20 世纪 90 年代以来，我国城市经历了经济、社会、体制改革和空间结构重组等一系列变革，城市中出现了一定规模的低收入人群。新时期城市低收入人群具有规模较大、类型多样、影响因素复杂的特征，并且在空间分布上出现了聚居的趋势。我国新时期城市低收入人群及其聚居区出现的时间较晚，产生的消极影响和引发的城市问题并没有欧美国家那样显著，但目前其影响已经开始显现。这不仅关系到城市低收入人群自身的福利和发展，也将影响整个城市的健康和谐发展。因此，在剧烈变革的背景下对新时期城市低收入人群及其聚居区进行研究不仅具有时代的迫切性，而且具有一定的理论意义。

第二，从国际相关研究对比的角度来看，“空间失配”假说提出职住空间分离会对城市低收入人群的就业产生显著的消极影响，其相关实证研究大多以美国大城市为研究对象。而我国城市的经济社会发展水平和体制背景与美国城市存在明显的差异，因此我国城市是否支持“空间失配”假说就成为一个值得深入研究的问题。本研究以我国城市低收入人群为对象，研究其居住与就业的空间关系特征及其经济效应，这不仅可以丰富中国城市贫困问题的相关研究，还有助于将中国城市空间失配研究与美国及欧洲城市相关研究进行对比，具有一定的理论意义。

第三，从研究视角来看，本研究基于城市地理学、城市经济学和城市社会学相结合的视角，在城市居住空间分异和空间结构重组的背景下，定量揭示城市低收入人群这一弱势群体的职住空间特征、内部差异、影响因素及其经济效应。这种多学科融合研究视角拓宽了城市贫困问题研究的范围，具有一定的理论意义。

（2）现实意义

第一，从实践应用价值角度来看，本研究的研究结果揭示了职住空间分离是否会对城市低收入人群的就业形成空间障碍，并在此基础上，结合低收入人群住房供给、社区改造、城市基础设施布局中存在的问题，为城市政府制定相关住房政策、福利政策和城市规划提供意见和建议，具有一定的实践指导意义。

第二，从研究方法借鉴性角度来看，由于我国目前尚缺少个人收入的微观数据，造成城市低收入人群相关研究受限。本研究采用了大样本的房租数据来对城市低收入人群的居住空间分布特征进行分析，同时结合了问卷调查数据对城市低收入人群的属性特征、内部差异性和职住空间关系特征进行分析。这种定性与定量相结合、GIS 空间分析和问卷调查相结合的方法，不仅能够定量地揭示低收入人群职住空间特征和影响因素，并且能够对城市低收入人群形成机制等深层次问题进行分析。这为城市低收入人群相关研究提供了一个可供借鉴的、较为合理且切实可行的研究思路和方法。

第三，从研究样本选择角度来看，我国目前针对城市低收入人群及其聚居区的研究，大多以北京、广州、南京等一线城市作为研究对象。本研究以昆明市作为研究样本，充分考虑到了昆明市在众多的二、三线城市中具有一定的代表性，这使得研究结果具有一定的代表性、可借鉴性和对比性。

第2章　理论与方法

本章主要介绍本研究的相关理论和采用的研究方法。在相关理论中，社会空间辩证法从哲学的角度揭示城市中人与空间的相互关系，是贯穿本研究的基本指导思想。城市居住空间分异相关理论与模型揭示了城市空间结构和城市居住空间分异产生的原因，即特定人群如何在城市中占据特定的空间；互换和权衡理论则是从城市经济学的角度，揭示消费者如何选择其居住空间。这两种理论为城市低收入人群居住与就业空间分布研究提供理论基础。“空间失配”理论从职住空间关系产生的经济效应角度，提出居住与就业空间分离所造成的“空间失配”会对低收入人群就业与收入产生消极影响，是城市低收入人群职住关系经济效应研究的理论基础。

本研究在进行城市低收入人群内部异质性分析与职住空间关系分析中，采用了调查问卷方法来获取第一手数据。在对城市低收入人群居住空间分布规律研究中，采用了GIS空间分析方法。本章的研究方法主要介绍了社会调查及问卷方法和GIS的应用。

2.1　相关理论

2.1.1　社会空间辩证法

社会空间辩证法（Socio-Spatial Dialectic）是从哲学的角度来辩证地认

识人与空间的关系。社会空间辩证法认为城市发展存在着一个连续的双向过程，即城市空间的特性会影响或限制人群活动，人们的行为习惯、价值观念也会被其居住的空间所影响。同时，人群活动不仅会去适应所活动的空间，也会影响和塑造城市空间，城市空间正是形成于这一双向过程之中。

列斐伏尔社会空间理论主要从三个层面构成表达一种“空间生产的辩证法”，这三个层面是：其一，空间的实践。即人们对物理性环境的改变，人们在一定的观念和计划的指导下，把自然改成“人化的自然”。其二，空间的表达。现实中的空间必然表现、表达了占主导地位的生产关系。其三，表达的空间。在列斐伏尔看来，在被精英主宰、秩序化的空间中，人们一直通过行动实践不断营建与理性化、秩序化空间相对的日常空间[114]。

苏贾提出了空间、历史和社会的三元辩证法，特别是提出了“第三空间”的理论。在苏贾看来，一方面，“第三空间”是被统治、被动的空间；另一方面，“第三空间”又是最具有变动潜质的空间。在被动性与变动性的辩证统一中，“第三空间”是真正的鲜活空间，一种“处于变动中的另一个的第三”。苏贾强调“第三空间”，其深层原因在于他希望通过切实可行的集体行为，改变空间生产与社会结构的不平等性，改变生活于“第三空间”中的人的边缘位置[115]。

改革开放以来，我国城镇化进程快速推进，城市空间急剧扩张和城市空间结构加快重组，产生了大量的弱势和边缘群体，产生了新的社会群体和社会结构，这种社会结构在空间上的表现就是城市空间分异的出现和不断地扩大。本研究以城市低收入人群这一弱势群体为对象，研究其居住空间和就业空间之间的关系，即城市低收入人群与城市中特定空间的关系及这种关系产生的影响，并根据研究结果，在城市规划、城市管理等多方面提出帮助低收入人群克服其居住就业空间劣势条件的对策和建议。由此可见，社会空间辩证法是本研究贯穿全文的基本指导思想。

2.1.2 城市居住空间分异相关理论

城市居住空间分异是指在城市中具有不同收入水平、文化背景等社会属性的人群聚居在不同的空间区域内，在地理上形成一种相互隔离的状况。在相对隔离的地理区域内，同质的人群有着相似的社会特性，而在不同的区域内则存在着较大的差异[116]。本研究的研究目的是揭示城市低收入人群的居住与就业空间关系特征，因此城市空间结构和居住空间分异的相关理论是本研究的主要理论基础。以下内容简要介绍了城市生态学派、韦伯学派、新韦伯城市主义等相关理论。

（1）城市生态学派

城市居住空间分异相关理论中最具有代表性的为城市生态学理论。帕克及芝加哥大学社会学派将城市作为研究社会生活的试验场，借助生态学研究生物及其与环境关系的方法来研究人类在城市世界中是如何生存的，其主要模型包括同心圆模型、扇形模型和多核心模型。

① 同心圆模型

1924 年社会学家欧尼斯特·伯吉斯（Ernest Burgess）以芝加哥为研究样本，提出了城市空间结构的同心圆模型。伯吉斯认为，城市的持续发展源于人口压力，它引发了中心集聚化与贸易分散化的双重过程，即空间资源的竞争将新的活动吸引到城市中心，但同时也将其他活动驱赶到边缘地带。城市发展便是那些在城市中心地段竞争中的失败者重新定位于边缘地段的过程。城市发展依据竞争进行分配，竞争的结果导致空间与功能的区分，城市最终成为以高度集中的中央商业区为中心，并为其他四个功能不同的区域同心环带所环绕的同心圆结构。

如图 2.1 所示，第一层为单中心城市的中心，居住类型是中央商业事务区，是城市商业、文化生活的焦点，此处地价最高。中央往外第二层是过渡圈层，随着城市化进程的加速，工业由内城转移到这里，居住环境遭到破坏。这里的居民差别较大，包括海外移民和低收入人群居住带。第三层是低收入工薪阶层居住地带。第四层为居住环境较好的中产阶级居住带。第五层为通勤区，主要是富人居住区，散布着高级住宅，密度低，房舍宽敞。由于他们需要驾车入市工作，故又称通勤人员住宅区。

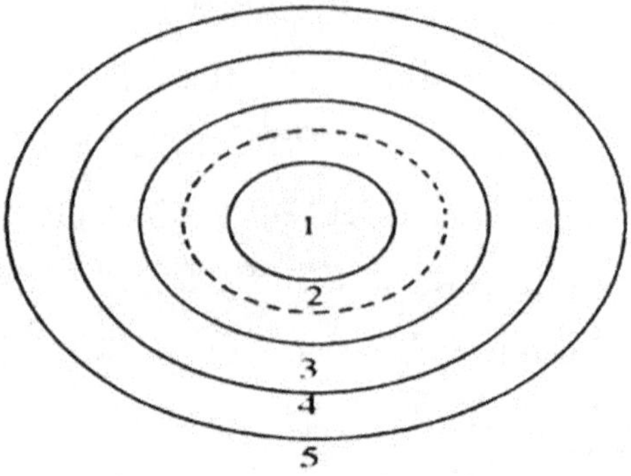

1—中央商业事务区；2—海外移民和贫民居住带；
3—低收入工人居住带；4—中产阶级居住带；5—通勤区

图 2.1 伯吉斯同心圆模型

图片来源：诺克斯，平奇．城市社会地理学导论［M］．北京：商务印书馆，2005.

② 扇形模型

同心圆模型反映了单中心城市的特点，动态分析了城市空间结构的变化。同心圆模型一个明显的缺点就是过于理想化，形状很规则，对其他重要因素，如城市交通作用考虑太少。霍伊特（Homer Hoyt）认为，均质性平面的假设太不现实，并在同心圆模型的基础上于 1939 年提出了扇形模型或楔形模型（如图 2.2 所示）。

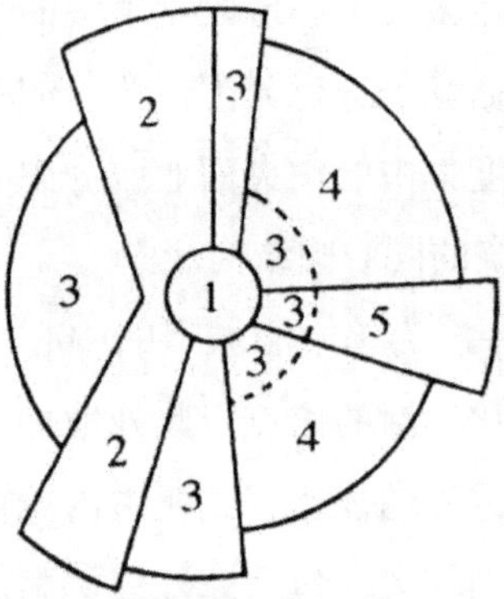

1—中心商业区；2—批发商业、轻工业区；3—低级住宅区；
4—中等住宅区；5—高级住宅区

图 2.2 霍伊特扇形模型

图片来源：诺克斯，平奇．城市社会地理学导论［M］．北京：商务印书馆，2005.

霍伊特的扇形模型保留了同心圆模型的经济地租机制，在此基础上增加了放射状运输线路的影响，即线性易达性（Linear Accessibility）和定向惯性（Directional Inertia）的影响，使城市向外扩展的方向呈不规则式。扇形模型把中心的易达性称为基本的易达性，把沿着辐射运输路线所增加的易达性称为附加的易达性。轻工业和批发商业对运输路线的附加易达性最为敏感，所以呈扇形，而且不是一个平滑的扇形，可左右隆起。至于住宅区，低收入人群居住在工商业地段的周边地区，而中产阶级和富人则沿着交通大道或河道，或湖滨，或高地向外发展，自成一区，不与贫民混杂。当人口增多，低收入人群聚居区不能朝中产阶级和高级住宅区发展时，会沿着不会受阻的方向做放射式发展，城市各土地利用功能区的布局呈扇形或楔形。

③ 多核心模型

霍伊特的扇形模型对同心圆模型是一个重要的改进，但他仅仅关注居住扇形区。在同心圆模型和扇形模型的基础上，哈里斯（Chauncy Harris）和厄尔曼（Edward Ulman）于 1945 年提出了多核心模型。该模型指出随着现代城市的发展和多样化，很多独立的活动区域开始形成，城市也不再只有一个中心，而是出现了多个核心（如图 2.3 所示）。

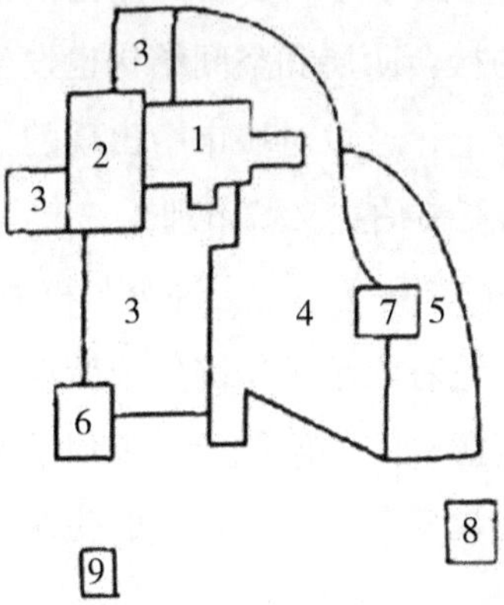

图 2.3 哈里斯和厄尔曼的多核心模型

图片来源：马休尼斯，帕里罗．城市社会学［M］．北京：中国人民大学出版社，2016．

如图 2.3 所示，1 区为城市的主要商务区。由于其每个构成区都有独特的文化、历史和经济因素，因此会出现另外一些区域次中心（2 区）。2 区可能会接近于中央商务区。2 区附近各种相互独立区域中住着低收入居民（3 区）。中等收入居民区（4 区）可能紧邻中央商务区，商务区另一边则紧邻高收入居民区（5 区）。在这些区域之间可能存在一个次级商务区（7 区），再远一点则是完全独立和分割开来的居住郊区（8 区）。重工业可能位于与中央商务区较远的地区（6 区），并在附近出现一个郊区工业园区（9 区）。

（2）其他学派

芝加哥学派的三种经典模型解释了城市居住空间分异的形态和特征，但并未涉及城市中的人群、经济和其他社会背景。除此之外，还有其他学派从不同角度来研究城市居住空间分异，如实证主义学派采用社会区以及因子生态法，利用微观调查数据揭示城市居住空间分异形成机制[117]；行为学派关注生活在城市里的人的行为，从人们的择居行为角度研究城市居住空间的演变[118]；种族－文化学派则关注种族文化对城市居住空间的影响[119-120]。

20 世纪 70 年代以来，西方发达国家进入了后工业化社会，随着城市化进入了稳定的成熟阶段，城市的社会阶层和空间结构也发生了变化。在传统的城市居住空间分异理论基础上，通过对城市中出现的一系列变化和新问题的研究，诞生了韦伯学派与新韦伯主义城市理论。

韦伯学派主要关注城市资源分配不平等、社会冲突与权力分配等问题，并将从传统上这种社会不平等的讨论着眼于工作岗位或劳动力市场所衍生出的不平等，扩展到住房和城市资源分配的问题上。韦伯学派认为这种资源分配的不平等和住房不平等的积累导致了后工业化时代城市居住空间的分异[121]。

新韦伯城市主义在芝加哥学派城市理论与韦伯社会学的基础上，以分析和理解与城市空间客体相对应的社会现象为目标，把城市视作一个“社

会 – 空间”系统。其理论主要包括两个方面，即雷克斯和摩尔的“住房阶级”理论和帕尔的“城市经理人”理论[122]。“住房阶级”理论和“城市经理人”理论是将城市视作一个空间结构与社会结构合二为一的特殊体，其理论的前提是城市在某种程度上拥有一个趋于一致的地位价值判断系统，人们会对稀缺的住房资源进行争夺，可能由此产生冲突。各种守门人（Gate Keepers）或城市经理人（Urban Managers）决定着不同类型的城市稀缺资源在不同人群中的分配，从而造成了城市居住空间分异。

以上的各种学派分别从个人行为、文化、制度、资源分配等不同角度揭示了城市居住空间分异产生的原因，为本研究的低收入人群在特定空间居住和就业提供了理论基础。

2.1.3 互换论和权衡理论

温哥和阿隆索提出的互换论从经济学角度出发，认为在消费者收入和其他商品消费不变的情况下，一个家庭选择住宅区位的原则是在随着城市中心距离的延长而趋于下降的住宅费用和趋于增加的交通费用之间进行“互换”，并挑选综合费用最低的位置[123-126]。

如图 2.4 所示，该理论认为一个家庭在选择其住宅位置时，既要考虑土地和房屋费用（住房费用）的大小，又要考虑交通费用和机会成本。最后住宅区位的选择要使总费用达到最低，即在选择住房位置时，用交通费用和住房费用进行“互换”。家庭就业比例高、收入水平较高的家庭一般居住在距离市中心较近的地点；低收入人群则只能居住在偏离市中心的地方。同时，具有相同或相似就业比例的家庭会趋向于居住在相同的圈层，从而形成聚居区。

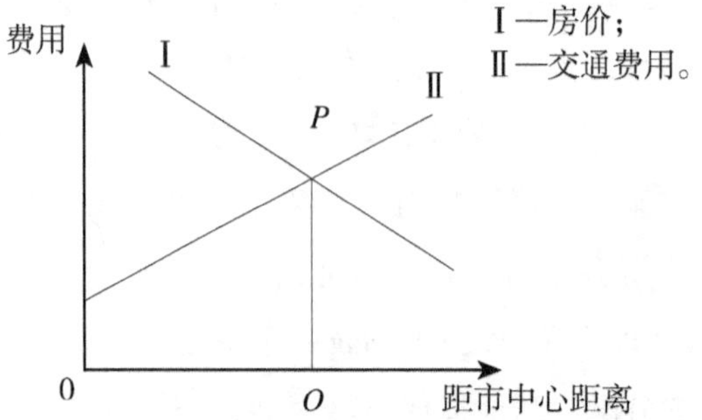

图 2.4　交通费用与房价的互补关系

图片来源：奥沙利文．城市经济学［M］．北京：北京大学出版社，2008.

与互换理论基本一致的权衡理论（Trade-off Theory）认为在收入水平和生活费用一定的情况下，居民在选择住房时要在交通费用和住房价格之间做出权衡，以达到效用最大化。具体来看，住宅的最佳区位是通过上下班的通勤费用和城市不同区位的级差地租的比较而确定的。由于低收入者对通勤费用、住宅租金等方面支付能力较弱，限制了其对居住地的选择，因而其居住地往往局限于离工作地近的相同或相似的圈层居住，从而形成了低收入人群的聚居区。

2.1.4　空间失配理论

美国哈佛大学学者 John Kain（1968）以芝加哥市和底特律市为研究对象，发表了一篇著名的关于空间不匹配的文章 *Housing Segregation, Negro Employment, and Metropolitan Decentralization*[21]。文章指出在后工业化、郊区化的背景下，大量工作岗位由内城迁往郊区，而内城居民（绝大部分为贫困的非洲裔美国人）受到居住隔离、住房市场排斥、收入水平低等因素的限制，难以将居住地迁往郊区，这样就形成了内城居民工作地与居住地的“空间失配”（Spatial Mismatch，SM）。空间失配导致了内城居民寻找工作的困难增大、工资较低，或要花费比白人更多的通勤时间和通勤费用，从而造成了内城居民失业率增高。

“空间失配”假说潜在的前提是：第一，工作机会从黑人居住区域（市中心区）转移到了郊区（白人居住区）；第二，住房和贷款市场上的种族歧视阻止了黑人向工作增长区域的移动；第三，对黑人消费者的歧视、不完整的工作机会信息、黑人区域和工作增长区域的公共交通限制和其他可能的因素限制了黑人通勤和在工作机会富裕区工作。

"空间失配"假说得到大量以美国城市为研究对象的实证研究支持[127-134]。"空间失配"假说经历了三个阶段的集中发展，逐渐由最初研究美国黑人的就业问题扩展到其他少数民族、新移民、妇女等弱势群体的就业问题。研究内容也从居住隔离扩展到工作寻找空间、工作可达性、社会可接受性和交际网络等方面，并逐步扩展到对低收入人群寻找工作的一系列障碍研究[135]。"空间失配"假说对美国的住房政策改革、大都市社会经济政策制定、城市交通体系规划等都产生了重要影响。

虽然Kain教授提出的"空间失配"假说在时代背景、城市社会经济水平、体制背景等多方面与我国城市存在一定差异，但我国目前城市中也出现了一定规模的城市低收入人群及低收入人群聚居区，城市居住与就业空间也呈现出较为明显的分离趋势。因此，在当前背景下，对我国城市低收入人群的职住空间关系及经济效应进行研究时，"空间失配"假说的核心思想，即居住与就业空间分离所造成的空间失配会对城市低收入人群就业产生消极影响，是非常值得借鉴的，也是本研究的主要理论基础。

2.2 社会调查与问卷设计

本书在对昆明市低收入人群特征分析、职住空间关系及其经济效应研究中应用的数据是通过对昆明市主城区内 13 个典型低收入住区居民进行问卷调查获得。以下对社会调查与问卷设计方法进行了简要介绍。

2.2.1 社会调查简介

社会调查（Survey Research）指的是一种采用自填式问卷或结构式访问的方法，系统地、直接地从一个取自总体的样本那里收集量化资料，并通过对这些资料的统计分析来认识社会现象及其规律的社会研究方式。社会调查法的特殊价值就在于提供探究事物的合乎逻辑和利于观察的方法，可以帮助我们超越个人的偏见，超越个人的眼界来看世界。

社会调查一般分为普查和抽样调查两种形式，其中普查的优点为全面性和准确性；其局限性为工作量大、花费大、组织工作庞杂，调查项目不能多，难以深入。抽样调查是从总体中按照一定的方式选择一些样本，并从样本的调查结果推论到总体。抽样调查的优点为成本低、效率高、信息详细、资料丰富、运用范围广、准确性高、代表性强（随机），可推论。其局限性为不宜做定性研究，总体难以界定。

社会调查的一般程序为：选题阶段→准备阶段→调查阶段→分析阶段→总结阶段。其中选题阶段包括选择调查问题，分析调查的应用价值、创新性和可行性，以及探讨调查问题如何具体化。准备阶段包括调查设计、抽取样本、问卷设计、提出假设和组织队伍。调查阶段包括进行问卷调查或访问。分析阶段包括资料整理与分析，以及进行相关的理论研究。总结阶段包括总结报告结果、撰写报告和发布结果。

2.2.2 调查设计与抽样

（1）调查设计

调查设计是根据调查主题，对整个调查工作的内容、方法、程序进行规划，包括制定探讨和回答问题的策略，确定调查的最佳途径，选择恰当的调查方法，以及制定具体的操作步骤和实施方案。

调查设计的步骤如下：第一，明确调查目的，即确定本次调查是探索性、描述性还是解释性。第二，确定分析单位，即一项研究中用来观察、描述和解释的单位。第三，设计抽样方案。所谓抽样，指的是从组成某个总体的所有元素的集合中，按一定的方式选择或抽取一部分元素（总体的一个子集）的过程，或者说，抽样是从总体中按一定方式选择或抽取样本的过程。

（2）抽样方法

抽样方法包括概率抽样和非概率抽样[136]。概率抽样包括简单随机抽样、系统抽样、分层抽样和整群抽样。其中，简单随机抽样又称纯随机抽样，将总体内所有个案都编上号码，然后根据等概率的原则，运用随机数表、随机数码或抽签的方式从总体中直接获取样本，是随机抽样方法中最简单、最基本的方法。其优点为在抽样过程中完全排除了主观因素的干扰，且简单、易行，只要有总体各单位名单就可以进行；其缺点为只适用于总体单位数量不多的调查对象，如果总体单位数量很大，编制抽样框的工作就十分复杂。

系统抽样，又称等距抽样或间隔抽样，是把总体的元素进行编号排序后，再计算出某种间隔，然后按这一固定的间隔抽取元素来组成样本的办法。其优点为样本在总体中的分布比较均匀，具有较高的代表性，抽样误差小于简单随机抽样，简便易行；其缺点为调查总体单位不能太多，而且要有完整的登记册。

分层抽样，又称类型抽样，是先将总体中的所有元素按某种特征或标志（如性别、年龄、职业或地域等）划分成若干类型或层次，然后再在各个类型或层次中采用简单随机抽样或系统抽样的办法抽取一个子样本，最后将这些子样本合起来构成总体的样本。其优点为降低了抽样误差，提高了抽样精度，便于了解总体内不同层次的情况，便于对总体中不同的层次或类别进行单独或比较研究；其缺点为必须对总体各个单位的情况有较为深入的了解，否则就无法科学分类。

整群抽样，是从总体中随机抽取一些小的群体，然后由所抽出的若干个小群体内的所有元素构成调查样本的方法。其优点为简化了抽样过程，降低调查费用，扩大了抽样的应用范围；其缺点为样本分布面不广，样本对总体的代表性相对较差。

非概率抽样包括偶遇抽样、判断抽样和滚雪球抽样。其中，偶遇抽样又称方便抽样或自然抽样，是指研究者根据实际情况，为方便开展工作，选择偶然遇到的人作为调查对象，或者选择那些离得最近的、最容易找到的人作为调查对象。其优点为简便易行，可以及时取得所需的资料，节约时间和费用。这种方法适用于探测性调查，或调查前的准备工作。一般在调查总体中每一个个体都是同质时，才能采用此类方法。其缺点为实践中并非所有总体中每一个个体都是相同的，所以抽样结果偏差较大，可信程度较低，样本没有足够代表性。

判断抽样，是调查者根据研究目标和自己主观的分析来选择和确定调查对象的方法。其优点为简便易行，符合调查目的和特殊需要，可以充分利用调查样本的已知资料，被调查者配合较好，资料回收率高；其缺点为依赖于研究者的理论修养、实际经验以及对调查对象的熟悉程度，易发生主观判断而产生抽样误差。此外，判断抽样中各个调查单位被抽取的概率不确定，因此无法计算抽样误差和可信程度。

滚雪球抽样，是指先随机选择一些被访者并对其实施访问，再请他们提供另外一些属于所研究目标总体的调查对象，根据所形成的线索选择此后的调查对象。其优点为可以根据某些样本特征对样本进行控制，适用于寻找一些在总体中十分稀少的人物，这样可以增加接触调查群体的可能性，经费相对较低，可行性较强。其缺点为调查的对象局限于属性相近的一群人，会造成样本代表性的严重不足。

（3）调查问卷的设计原则与步骤

问卷设计的原则为：第一，要明确问卷设计的出发点，必须紧紧围绕所研究的问题和所要测量的变量来测量，必须以研究假设或研究设想为指导，既要从研究者的需要来考虑，又要为被调查者着想。第二，问卷设计要明确阻碍问卷调查的因素，既包括主观障碍，如被调查者心理上和思想上对问卷产生各种不良反应所形成的障碍；又包括客观障碍，如被调查者的阅读能力、理解能力、记忆能力等的限制。第三，问卷设计要明确与问卷设计紧密相关的各种因素，包括调查的目的、调查内容、样本性质（如调查者的职业、文化程度、性别、年龄等）、问卷的使用方式（定性或定量）

等因素。

问卷设计的步骤包括：第一，探索性工作，即问卷设计者亲自向被调查者进行一定时间的非结构式访问，以了解问题的提法、可能的回答等。第二，设计问卷的初稿。第三，调查问卷的试用。调查者在设计好问题后要换位思考，站在应答者的角度以应答者的思维去回答问题，了解答题过程中的心理感受，对问题是否清晰、逻辑是否合理都要有清楚的认识。根据试问的情况，对存在的不足进行修订。对修订好的问卷进行小批量的印制后，要在目标群体中选择少量人群发放问卷，了解具体情况。第四，确定问卷。在问卷试发放后，要结合应答情况进行综合整理，改正不足，最后确定问卷。

本研究需要获取城市低收入人群的社会经济属性和通勤等相关数据，研究采用了问卷调查的方式获取该类数据。由于受到安全性和经费等因素的限制，本次调查问卷的抽样方法为偶遇抽样法。

2.3 GIS 应用

本研究在进行昆明市居住空间分异及低收入住区空间分布中应用了 GIS 的空间定位及空间插值等方法，以下对 GIS 的主要功能进行简介。

2.3.1 GIS 简介

GIS 是地理信息系统（Geographic Information System）的缩写。早期的 GIS 定义为用电脑捕捉、存储、提取、分析和展示空间数据的数据库系统，并强调信息传达过程中的两大特征，即空间性和系统性。GIS 作为获取、存储、分析和管理地理空间数据的重要工具、技术和学科，近年来得到了广泛关注和迅猛发展[137]。

从技术和应用的角度，GIS 是解决空间问题的工具、方法和技术。从学科的角度，GIS 是在地理学、地图学、测量学和计算机科学等学科基础上发展起来的一门学科，具有独立的学科体系。从功能上，GIS 具有空间数据的获取、存储、显示、编辑、处理、分析、输出和应用等功能。从系统学的角度，GIS 具有一定的结构和功能，是一个完整的系统。

GIS 已经逐渐成为一门相当成熟的技术，并且得到了极广泛的应用。尤其是近些年，GIS 以其强大的地理信息空间分析功能，在多个经济部门和学科分支中发展起来[138-145]。随着数据存储技术的进步、计算能力的提高，以及新数据资源的产生，GIS 技术得以普及和提高。

2.3.2 GIS 的主要功能

GIS 一般具备四种类型的基本功能，分别是：

（1）数据采集与编辑功能

GIS 的核心是一个地理数据库，所以建立 GIS 的第一步是将地面的实体图形数据和描述它的属性数据输入到数据中，即数据采集。为了消除数据采集的错误，需要对图形及文本数据进行编辑和修改。

GIS 的地理数据库数据来源主要包括地图、遥感图像、文本资料、统计资料、实测数据、多媒体数据、已有系统的数据等。空间数据采集的任务是将现有的地图、外业观测成果、航空照片、遥感图像、文本资料等转换成 GIS 可以处理与接收的数字形式。其中对于栅格数据的获取，GIS 主要涉及使用扫描仪等设备对图件的扫描数字化；从遥感影像上直接提取专题信息，需要使用几何纠正、光谱纠正、影像增强、图像变换、结构信息提取、影像分类等技术。

属性数据比较规范，适用于表格表示，所以许多地理信息系统都采用关系数据库管理系统管理。通常的关系数据库管理系统（RDBMS）都为用户提供了一套功能很强的数据编辑和数据库查询语言，即 SQL，系统设计人员可据此建立友好的用户界面，以方便用户对属性数据的输入、编辑与查询。

（2）制图功能

GIS 的核心是一个地理数据库。建立 GIS 首先是将地面上的实体图形数据和描述它的属性数据输出到数据库中并能编制用户所需要的各种图件。从测绘角度来看，GIS 是一个功能极强的数字化制图系统。根据 GIS 的数据结构及绘图仪的类型，用户可获得矢量地图或栅格地图。地理信息系统不仅可以为用户输出全要素地图，而且可以根据用户需要分层输出各种专题地图，如行政区划图、土壤利用图、道路交通图、等高线图等，还可以通过空间分析得到一些特殊的地学分析用图，如坡度图、坡向图、剖面图等。

（3）空间数据库管理功能

地理对象通过数据采集与编辑后，形成庞大的地理数据集。对此需要利用数据库管理系统来进行管理。GIS 一般都装配有地理数据库，其功效类似对图书馆的图书进行编目、分类存放，以便于管理人员或读者快速查找所需的图书。其基本功能包括：数据库定义、数据库的建立与维护、数据库操作和通信功能。

（4）空间分析功能

通过空间查询与空间分析得出决策结论，是 GIS 的出发点和归宿。与制图和数据库组织不同，空间分析很少能够规范化，是一个复杂的处理过程，需要懂得如何应用 GIS 目标之间的内在空间联系，并结合各自的数学模型和理论来制定规划和决策。典型的空间分析有：拓扑空间查询、缓冲区分析、叠置分析、空间集合分析、地学分析、数字高程模型的建立和地形分析等。

第 3 章　昆明市低收入人群居住空间特征分析

城市中不同特性的居民聚居在不同空间范围内，即为城市居住空间分异现象。居住空间分异加剧就会在空间出现相互隔离的富裕人群居住区与低收入人群聚居区。本章以昆明市主城区为研究范围，采用主城区 343 个小区的 1031 个房租数据，利用 GIS 空间分析方法对昆明市主城区居住空间分异进行研究。通过分析昆明市主城区房租等值线的低值中心分布状况和空间自相关分析结果，揭示昆明市主城区低收入人群居住空间的分布规律和产生原因。

3.1　数据收集与分析方法

3.1.1　数据收集

（1）数据的选取

本研究采用住宅租金数据分析昆明市主城区的居住空间分异与低收入人群居住空间的分布特征。选用房租数据的原因如下：

第一，数据的适用性。住房私有化国家的住房市场信息能够有效弥补社会统计数据的时滞性缺陷，在一定程度上可以反映城市居住分异趋势，即在城市人口统计不足的情况下，住房市场数据可以在一定程度上反映出城市的社会阶层分异[146]。中国市场化转型将房地产市场开拓为资本积累空间，城市建筑环境成为资本在空间上的最直观表现。住宅的类型、档次、价格与居住者收入、职业、教育水平等社会属性存在密切的正向联系，房地产价格差异可以直接反映出城市社会阶层分异状态。从这种意义上来讲，房租水平在空间上的变化在很大程度上能够反映出城市居住空间分异状态和不同属性人群的居住空间分布特征[147]。

第二，数据的可获取性和真实性。中国城镇住房私有率较高，2005 年中国城镇住房私有率达到了 82%。城市房地产市场非常活跃，城市中有众多房屋中介平台可以实时提供大样本的房租信息，数据的可获取性较高。同时，我国城市大部分房屋中介机构管理较为规范，不同的中介平台同类住宅房租信息差异性较小，因此从中介平台获取的房租数据可信度也较高。

（2）研究范围

昆明市主城四区包括五华区、盘龙区、官渡区和西山区，共计 42 个街道。鉴于本研究是在城市居住空间分异基础上，对低收入人群居住空间分布特征进行分析，因此选择城市人口密集的建成区，即三环以内的 33 个街道作为研究范围，没有涵盖较为偏远且农业人口占比较高的街道。研究空间范围和街道具体情况如表 3.1 和图 3.1 所示。

表 3.1　研究范围内街道汇总

行政区	街道总数	研究街道	不做研究街道
五华区	10	华山街道、大观街道、护国街道、高新区、丰宁街道、红云街道、莲华街道、普吉街道、龙翔街道	黑林铺街道
盘龙区	12	拓东街道、东华街道、鼓楼街道、联盟街道、青云街道、金辰街道、龙泉街道、茨坝街道	松华街道、阿子营街道、滇源街道、双龙街道
官渡区	10	关上街道、吴井街道、太和街道、金马街道、官渡街道、小板桥街道、矣六街道、阿拉街道	大板桥街道、六甲街道
西山区	10	马街街道、永昌街道、金碧街道、福海街道、前卫街道、棕树营街道、碧鸡街道、西苑街道	海口街道、团结街道

五华区下辖10个街道：华山街道、护国街道、大观街道、高新区、丰宁街道、莲华街道、红云街道、黑林铺街道、普吉街道和龙翔街道。其中黑林铺街道西连团结乡、北接沙朗乡，辖区人口以农业人口为主，不在研究范围之内。

盘龙区下辖12个街道：拓东街道、鼓楼街道、东华街道、联盟街道、金辰街道、青云街道、龙泉街道、茨坝街道、松华街道、双龙街道、滇源街道和阿子营街道。其中松华街道、双龙街道、滇源街道、阿子营街道4个街道位于城郊，农业人口占绝大比重，不在研究范围之内。

官渡区下辖10个街道：关上街道、太和街道、吴井街道、金马街道、小板桥街道、官渡街道、阿拉街道、矣六街道、大板桥街道和六甲街道。其中大板桥街道、六甲街道属于城郊农村，不在研究范围之内。

西山区下辖10个街道：马街街道、金碧街道、永昌街道、前卫街道、福海街道、棕树营街道、西苑街道、碧鸡街道、海口街道和团结街道。其中海口街道、团结街道于2009年撤镇改设街道，辖区内农业人口占绝大多数，不在研究范围之内。

（3）数据收集和初步处理

①选择查询样点小区

在研究范围内分区、分街道，按照一定空间距离选择查询样点小区，基本上保证每个街道至少有10个样点小区。在主城区范围内的33个街道共选取了343个小区作为房租数据的查询样本小区。

②空间定位

第一，确定样点小区的经纬度坐标。本研究利用百度地图拾取坐标系统进行定位，获取的经纬度坐标为Excel格式，需要将其转换为GIS能够识别的数据类型。利用ArcGIS菜单文件添加XY数据，把已有的Excel数据转换成Shp数据。

第二，将经纬度数据导入ArcGIS，生成空间点，具体步骤如下：打开“ArcGIS”，右击内容列表中的“图层”，选择“属性”，打开“数据框属性”，点击“坐标系”进入坐标系设置。本研究的坐标系选择了最常用的 WGS1984。添加 Excel 文件中存储采样数据的 Sheet。右击添加的 Sheet，然后选择“显示 XY 数据（X）”，打开“显示 XY 数据”的数据框。坐标系选择为 GCS_WGS1984，操作后即生成空间点。

③ 房租数据查询

在完成小区空间定位后，为了减少时间变动对于房租信息的影响，本研究在一个月内完成样点小区的房租数据查询工作。具体的调查方法包括利用房产中介平台、电话访谈和实地调研三种方法。研究选取的房地产中介平台包括 58 同城、安居客房产和赶集网，电话访谈和实地调研主要包括云博地产公司和新亚地产公司。在查询小区的房租信息时，同一小区内，住宅建筑面积、装修程度、楼层、朝向都对房租水平产生了影响。为了确保结果的准确性，本研究在查询每个住宅小区房租信息时，分别选取大、中、小三个不同户型进行查询。

④ 数据的初步处理

数据的初步处理是对所查取的住宅小区房租数据计算平均值。计算房租均值一般采用两种方法：一是用住宅房租总和除以住宅建筑面积总和；二是不同户型住宅的单位面积住宅房租之和除以户型数。

本研究选用第二种方法，原因如下：第一，两种方法获得的房租平均值差异小，从总数据中随机选出十组，分别用两种方法计算房租平均值，得出两者的平均房租数值差异小于 1%；第二，第一种方法难以体现大、中、小三套住宅之间的租金差异，虽然本研究最终每个小区只采用一个房租均值，但同一小区内的住宅租金水平也存在一定差异；第三，第一种计算方法弱化了建筑面积较小，或是单套总房租较小住宅的影响力，小户型住房在每个小区中的占比均较高，在整体房地产出租市场中占比也较大。

如表 3.2 所示，研究查询了昆明市主城区内 343 个小区的 1031 个房租数据，单位面积月租金主要集中在 16 元 /m^2 ～ 32 元 /m^2 范围内。其中房租小于 16 元 /m^2 的住宅区有 16 个，占比 4.66%；16 元 /m^2 ～ 18 元 /m^2 的住宅小区有 32 个，占比 9.33%；18 元 /m^2 ～ 23 元 /m^2 的小区有 107 个，占比 31.20%；23 元 /m^2 ～ 27 元 /m^2 的小区 116 个，占比 33.82%；27 元 /m^2 ～ 32 元 /m^2 的小区有 43 个，占比 12.54%；32 元 / 平方米以上的小区有 29 个，占比 8.45%。由此可见，昆明市主城区房租水平以 18 元 /m^2 ～ 27 元 /m^2 为主。

表 3.2　租金数据平均值分布

平均值（元 /m^2）	＜ 16	16 ～ 18	18 ～ 23	23 ～ 27	27 ～ 32	＞ 32
小区个数（个）	16	32	107	116	43	29
占比（%）	4.66	9.33	31.20	33.82	12.54	8.45

3.1.2　分析方法

（1）空间插值方法及原理

本研究利用房租数据和 GIS 空间插值功能，对昆明市主城区居住空间分异进行研究。空间插值法的原理是通过已知样本点的数据推求同一区域或者相近区域其他未知样本点，从而得出全部目标区域研究项目的计算方法。空间插值方法可以分为整体插值和局部插值两类方法，其中克里金（Kriging）插值法是一种精确局部插值方法，是随机对空间连续性变化的属性给予恰当的描述，其内插值或最佳局部均值与数据点上的值一致，是一种较理想的空间分析方法。克里金插值法的原理如下：

克里金插值法可分为普通克里金插值法和通用克里金插值法。克里金插值时不仅考虑距离关系，同时又以自相关性为基础，利用半变异函数的结构性，充分考虑已知样本点的空间分布及其与未知样点的空间方位关系，从而对研究区域内变量的未知采样点进行最佳无偏估计的插值方法[137]。具体计算公式如下：

$$ZV^{*}=\sum_{i=1}^{n}\lambda_{i}Z(X_{i}) \tag{3.1}$$

其中，ZV^{*} 为未知样本点的值，$Z(X_i)$ 为未知样点周围的已知样本点的值，λ_i 为第 i 个已知样本点对未知样点的权重，n 为已知样本点的个数。这样利用已知样本点的值就可以估算出未知样本点的值。克里金插值法原理实际上是半方差函数，即一定距离内价格与距离存在确定关系，超过这个距离则无关。

本研究利用 ArcGIS 10.0 的空间分析模块，采用普通克里金空间插值法，对昆明市主城区的房租数据进行空间局部估计，并绘制出房租空间等值线图，对昆明市主城区的居住空间分异进行了分析，揭示低收入人群聚居区的空间分布特征。

（2）空间自相关原理

空间自相关是指变量在一个区间内潜在的相互依赖性。Tobler（1970）指出，任何事物与别的事物之间都是相关的，但从距离上，近处的东西比远处的东西相关性更强[148]。空间自相关分析包括全局空间自相关和局域空间自相关两种。全局空间自相关的功能在于描述某现象的整体分布状况，判断此现象在空间是否有聚集特性存在，但并不能确切地指出聚集在哪些地区。局域空间自相关也称作局部空间自相关，是反映区域内局部单元属性与相邻局部单元相同属性的相关程度，能够表示每个局部单元服从全局总趋势的程度（包括方向和量级），并提示空间异质，说明空间依赖是如何随位置变化的。

本研究对研究范围内房租进行空间自相关分析，揭示低收入人群聚居区出现的原因。首先对研究范围内的房租数据进行全局自相关分析，揭示其整体的相关性。在此基础上进行局部空间自相关分析，来揭示空间相关性出现的具体区域，具体原理和公式如下。

① 全局空间自相关

全局 Moran 指数 I 的计算公式为：

$$I=\frac{n\sum_{i=1}^{n}\sum_{j=1}^{n}w_{ij}(x_i-\bar{x})(x_j-\bar{x})}{n\sum_{i=1}^{n}\sum_{j=1}^{n}w_{ij}\sum_{i=1}^{n}(x_i-\bar{x})^2}=\frac{\sum_{i=1}^{n}\sum_{j\neq i}^{n}w_{ij}(x_i-x)(x_j-x)}{S^2\sum_{i=1}^{n}\sum_{j\neq i}^{n}w_{ij}} \tag{3.2}$$

其中，n 为样本量，即空间位置的个数。x_i、x_j 是空间位置 i 和 j 的观察值，w_{ij} 表示空间位置 i 和 j 的邻近关系，当 i 和 j 为邻近的，空间位置是相邻，$w_{ij}=1$；反之，$w_{ij}=0$。Moran 指数 I 的取值范围是［-1，1］。

对于 Moran 指数，可以用标准化统计量 Z 来检验 n 个区域是否存在空间自相关关系，Z 的计算公式为：

$$Z=\frac{I-E(I)}{\sqrt{\mathrm{VAR}(I)}}=\frac{\sum_{j\neq i}^{n} w_{ij}(d)(x_j-\bar{x}_i)}{S_i\sqrt{w_i(n-1-w_i)/(n-2)}} \qquad j\neq i \tag{3.3}$$

$E(I_i)$ 和 $\mathrm{VAR}(I_i)$ 是其理论期望和理论方差，数学期望 $E(I)=-1/(n-1)$。当 Z 值为正且显著时，表明存在正的空间自相关，即相似的观测值（高值或低值）趋于空间集聚；当 Z 值为负且显著时，表明存在负的空间自相关，即相似的观测值趋于空间分散；当 Z 值为零时，观测值呈独立随机分布。

② 局域空间自相关

全局自相关统计量仅为整个研究空间的空间自相关情况提供了一个总体描述，其正确应用的前提是要求同质的空间过程，当空间过程为异质时结论不可靠。为了能正确识别空间异质性，需要应用局部空间自相关统计量。

空间位置为 i 的局部 Moran 指数 I 的计算公式为：

$$I_i=\frac{(x_i-x)}{S^2}\sum_j w_{ij}(x_j-\bar{x}) \tag{3.4}$$

局部 Moran 指数检验的标准化统计量为：

$$Z(I_i)=\frac{I_i-E(I_i)}{\sqrt{\mathrm{VAR}(I_i)}} \tag{3.5}$$

$E(I_i)$ 和 $\mathrm{VAR}(I_i)$ 是其理论期望和理论方差。在区域自相关分析时，其空间关联模式可细分为四种类型：高高关联（即属性值高于均值的空间单元被属性值高于均值的领域所包围）、低低关联，属于正的空间关联；高低关联、低高关联，属于负的空间关联。

3.2 昆明市主城区居住空间分异分析

3.2.1 昆明市主城区居住空间分异

本研究利用 ArcGIS 10.0 的空间分析模块，采用普通克里金空间插值法，对昆明市主城区的房租数据进行空间局部估计，绘制出昆明市主城区租金的空间等值线图，进而分析昆明市主城区居住空间分异状态，具体步骤如下：

将房租数据转换为 Shp 数据，利用空间分析（Geostatistical Analyst）工具中的统计分析（Geostatistical Wizard）中的空间分析工具（Geostatistical methods）克里金插值法，对主城区房租数据进行了空间局部估计。研究利用四分位数将房租数据分为四个等级，选用普通克里金插值法对昆明市主城区房租空间分布进行估计，其插值结果和房租等值线分布。

克里金差值的精度指标如下：预测误差均值为 -0.893，均方根预测误差为 0. 817，平均标准差为 0.00099，该结果表明模型选择较为理想。

从图 3.3、3.4 可知，昆明市主城区居住空间分异特征如下：

第一，昆明市主城区的房租梯度受单中心空间结构影响显著，市中心房租明显高于其他区域。从市中心（南屏街）到外围近郊区，房租呈现衰减的趋势，这种结果符合城市经济学中的 AMM 模型。

第二，昆明市主城区房租等值线在方向上衰减幅度并不一致。西北方向、东北方向房租衰减速度相对快。相对其他地区，北市区土地开发成本相对较低，住宅售价相对较低，这在一定程度上影响了该区域的房租水平。

第三，昆明市城区内出现了两个明显的房租高值中心和四个明显的房租低值中心。其中高值中心位于市中心和滇池片区，低值中心则大都偏离城市中心。

3.2.2 昆明市主城区居住空间分异度计算

由于缺少微观大样本城市低收入人群数据，因此研究没有采用传统的分异指数和隔离指数来测度居住空间分异程度，而是利用克里金插值所获取的房租等值线将房租数据进行了等级划分，根据房租等级来计算分异度，具体公式为：

$$D=1/2\sum_{i=1}^{n}|X_i-Y_i| \quad (3.6)$$

其中，D 是基于房租数据的居住空间分异指数，X_i 指研究区域中单元 i 中符合特定等级的房租占该等级总数的比重，Y_i 指特定单元 i 中除了特定等级房租外的其他所有房租等级占同类对象的比重。n 指研究单元数，本研究中指街道数量。D 的取值介于 0 ～ 1 之间，D 值越大表示分异程度越高。基于该公式，对昆明市主城区居住空间分异度进行了计算。

如图 3.5 所示，利用房租等级计算的昆明市主城区居住空间分异指数曲线总体上近似 U 形，最低房租与最高房租这两个等级的分异指数分别为 0.53 与 0.72，明显高于中间等级，且越靠近最低等级和最高等级，分异指数越大。由此结果可见：一方面，从社会阶层角度来看，昆明市主城区社会结构中低收入人群和高收入人群阶层分离显著，中等收入阶层的分布则较为均衡；另一方面，从居住空间角度来看，昆明市主城区范围内出现了较为明显的、相互隔离的富裕人群居住区和低收入人群聚居区。

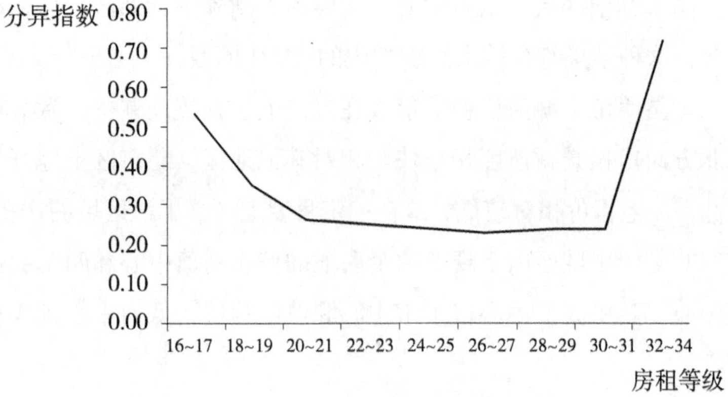

图 3.2　昆明市主城区居住空间分异指数

3.3 昆明市主城区低收入人群居住空间分布特征分析

3.3.1 低收入人群居住空间分布特征分析

由昆明市主城区居住空间分异分析可见，在偏离市中心的区域出现了四个明显的房租低值中心。城市低收入人群由于受到收入水平的限制，大多选择低价住房，因此这四个房租低值中心即可认为是低收入人群的聚居区。以下分别对这四个低收入人群聚居区进行具体分析。

（1）中心城区以北的低收入人群聚居区

中心城区以北出现一个明显房租低值区。通过对所属街道和地理位置查询发现，该低值区内主要包括上马新村、幸福家园、金刀营、蒜村、金地家园、北仓园丁、江东耀龙康城和远洋风景等小区。其中上马新村、金刀营、蒜村属于城中村，月平均房租分别是 17.54 元 /m^2、17.39 元 /m^2 和 16.64 元 /m^2。幸福家园属于廉租住区，北仓园丁小区、江东耀龙康城、远洋风景等小区建成历史较长，属于老旧小区，月平均房租分别为 10 元 /m^2、18.12 元 /m^2、17.63 元 /m^2 和 17.43 元 /m^2。

该低收入人群聚居区大多在北市区范围内。通过实地调研发现，昆明市北城区的大部分地域在 20 世纪八九十年代城市空间扩张之前为农业用地，土地征用后主要用于商品住宅开发，相对开发成本较低，加之建成历史较长等因素影响，使得该地区的房租水平较低。除此之外，该地区偏离城市中心，许多城中村尚未拆迁改造，城中村的房租较低，居住环境较差，城市基础设施和配套设施不完备。该地区中大量城中村的存在影响了区域的总体租金水平。

（2）中心城区以东的低收入人群聚居区

中心区以东的低收入人群聚居区大多位于城市二环以内，距离中心城区较近，但建筑年代大多在 2000 年以前，建成时间较长，大部分属于老旧小区。其中永昌小区、豆腐营新村、永顺里小区于 1996 年兴建，西岳庙小区和黄瓜营电力小区于 1998 年兴建。这些老旧小区居住环境较差，城市基础设施和配套设施不完备。虽然距离城市中心较近，但受到自身条件的限制，该聚居区的房租水平较低，月均租金一般在 17 元 /m^2 ～ 19 元 /m^2，与周边 25 元 /m^2 以上的普通商品房租金水平存在较大的差距。

（3）中心城区以西的低收入人群聚居区

中心区以西出现了两个低收入人群聚居区。这两个聚居区偏离城市中心地区，区位条件较差，其中还包括一定数量的城中村和保障性住区，房租水平较低。其中马洒营小区、建德金苑小区、爱地花园和泽惠园住宅区，分别属于城中村和保障性住区，平均月租金分别是 16.65 元 /m^2、18.79 元 /m^2、16.87 元 /m^2 和 20 元 /m^2，远低于周边普通商品住宅租金水平。

由以上分析可见，昆明市主城区出现的低收入人群聚居区具有如下特征。

第一，从住区类型来看，低收入聚居区主要包括城中村、老旧小区（包含工厂家属区）和各类保障性住区。

第二，从空间分布上来看，这些住区大都远离城市中心，分布上呈现出集中连片的趋势，并形成了一定规模，从而导致房租低值中心形成。

第三，从居住环境来看，低收入聚居区普遍居住环境较差，存在人均居住面积小、卫生和治安条件差、交通可达性较差、基础设施和服务设施不完备等问题。

第四，从居民构成来看，低收入聚居区居民主要包括以下几类：一是无固定生活来源、就业率较低、就业岗位不稳定的下岗、失业人员；二是外来进城务工人员；三是受到年龄、技能和教育水平等方面限制的低收入在岗职工；四是传统的城市贫困人群（即“三无”人员）。

3.3.2 空间自相关与低收入人群聚居区成因分析

从理论上分析，房租出现高值区和低值区的原因包括：一是受到住区本身的区位、居住条件等因素影响；二是房租存在空间相关性，低值或者高值受到周边地区相关性因素影响；三是两者的共同作用引起的。为揭示昆明市主城区低收入人群聚居区出现的原因，需进一步对研究区域中房租进行空间自相关分析。

ArcGIS 空间自相关分析需要矢量数据，前文中所提到的无论是房租点数据还是插值之后的数据都是栅格数据，所以要做数据的处理，具体步骤如下：第一步，将插值后的栅格值分类，利用空间分析工具（Spatial Analyst Tool）中的重分类（Reclass）工具进行重新定义分类。第二步，对分类后的数据利用 ArcGIS 中的转换工具（Conversion Tools）从矢量（From Raster）转换成矢量多边形（Raster to Polygon），完成数据从栅格到矢量的转换。利用 ArcGIS 中的空间统计工具（Spatial Statistics Tools）中的空间自相关分析功能（Spatial autocorrelation\Moran’s I）对转换后的矢量数据进行计算，结果如图 3.3 所示。

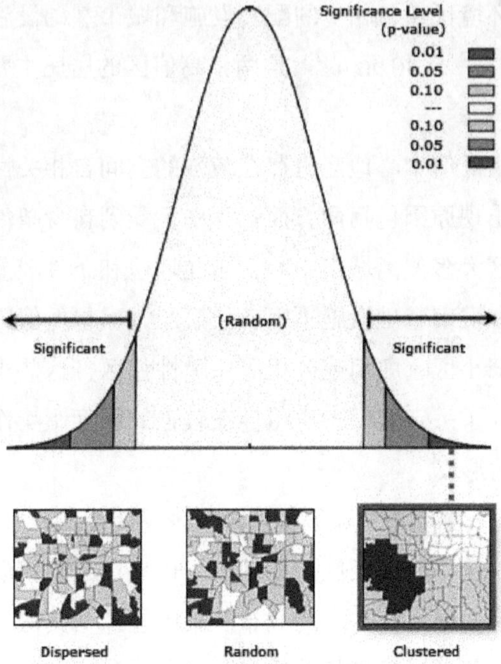

图 3.3　房租全局空间自相关计算结果

如图 3.6 所示，全局 Moran’s I=0.331250，Z=17.7111，p-value= 0.000000。

Z 值和 p-value 值均表明空间自相关结果具有极为显著的统计学意义。Z 值为正且显著，表明昆明市主城区房租总体上存在正的空间自相关性，即相似的观测值（高值或低值）区域空间集聚。

为了确定空间自相关出现的区域，研究利用 343 个房租点数据和房租空间插值数据进行了局域空间自相关。

昆明市主城区两个房租高值中心存在“高－高”聚集区，四个房租低值中心存在“低－低”集聚区，即高值中心和低值中心都存在较强的空间自相关性。局部空间自相关性结果表明：

首先，主城区两个房租高值中心的出现是由于自身因素和周边环境因素共同作用的结果。这两个高值中心分别位于城市中心区和滇池片区。其中城市中心区区位优势明显，交通可达性高，基准地价较高。住区周边为等级较高的商业区，该区月房租水平一般在 35 元 /m^2 ～ 40 元 /m^2。滇池片区居住条件良好，环境优美，相应的配套设施和城市基础设施完备，月房租水平一般在 30 元 /m^2 ～ 40 元 /m^2。这两个高值区的居民主要是具有城市户籍的高收入者。

其次，四个房租低值中心地区也存在较强的空间自相关性。这表明这些房租低值中心的出现原因包括两方面：第一，受到自身条件的限制。低值中心区域内的小区大多偏离城市中心，居住环境和条件较差，交通可达性较差，配套设施和城市基础设施不完备。第二，房租低值区中的住区大多属于城中村、老旧小区、廉租或公租等保障性住区，这些小区分布较为集中，在空间上形成了一定规模，房租存在较强的相互影响作用，从而导致了房租低值中心的形成。

由以上分析可见，昆明市主城区范围内出现了四个低收入人群聚居区，其形成的原因包括：第一，受到区位条件、居住环境、配套设施等自身条件的限制；第二，这些聚居区在空间分布上集中连片，其房租水平具有较高的空间自相关性，拉低了区域的总体房租水平，从而形成低收入人群聚居区。

3.4　昆明市主城区低收入聚居区形成历程和影响因素分析

3.4.1　昆明市主城区居住空间分异历程回顾

中国改革开放以来的制度变革为住房市场化和居住空间分异提供了社会制度环境。首先，差异化的收入分配体制改革造就了一批“先富阶层”，并逐渐发展、分化成为具有阶层文化特质的新兴中产群体。其次，土地与住房制度改革激活了城市房地产价值，为政府与企业进行城市经营和“空间生产”提供了必要的利益驱动。再次，经济的持续稳定增长和城市化的快速发展为城市更新与美化运动创造出理想的发展环境。

伴随着社会经济转型与城市更新的不断推进，昆明市居住空间分异现象开始日渐显著。以 1998 年土地与住房市场化改革为界限，可以将 1978 年以后转型期的昆明居住空间分异过程大致划分为两个阶段：1978—1997 年为居住空间分异的渐进发展阶段，1998 年以来为居住空间分异的快速发展阶段。

1978—1997 年，昆明在重生产、轻生活的城市发展方针下，主城区居住环境普遍存在拥挤杂乱、城市建设资金匮乏等问题。1978 年改革开放以后，昆明城市经济快速发展，城市建设资金来源逐渐多元化，城市居住环境的改善开始得到重视。1978—1987 年 10 年期间的昆明新建住宅面积超过以往 30 年的总和。伴随着收入分配体制改革和城市户籍管理的放松，逐渐出现了新富裕阶层、中产阶层和低收入阶层的分化，市场化住房供给制度下居民自由选择居住地，不同阶层的居住分异现象开始在昆明市区出现。

1998 年城市住房市场化改革以后，昆明市居住空间分异过程日趋明显。随着昆明城市建成区面积迅速增加，城市扩张与内部更新改造同时快速推进，城市中心区（二环）之内的绝大部分城中村和老旧小区进行了拆迁和改造。城市更新与拆迁的加速为居住空间分异创造了契机与物质条件。大规模城市拆迁改造带来城市人口频繁地置换空间，城市中具有区位优势地域的租隙被激活，城市空间的差异化再生产迅速释放出巨大能量，居住空间结构在多种利益集团的权力、资本博弈过程中得以迅速重构。

3.4.2 昆明市主城区低收入住区形成影响因素分析

（1）制度因素

我国近30年来的住房体制改革和涉及住房问题的政策变化是导致城市低收入人群聚居的直接因素。中国传统的城镇住房制度是一种以国家统包、无偿分配、低租金、无限期使用为特点的实物福利性住房制度，居民没有选择住房的权利，因此不存在一般意义上的居住空间分异。1978年我国开始实行向城市居民全价售房的试点，从此开始进行住房商品化政策的探索。1988年我国颁布了《关于在全国城镇分期分批推行住房制度改革的实施方案》，商品化的住房体制改革全面拉开。1992年上海等城市开始推行住房公积金制度，开辟了新的住宅资金筹集渠道，引起了“上海效应”。1994年国务院下发《关于深化城镇住房制度改革的决定》，提出建立与社会主义市场经济体制相适应的新型城镇住房制度，实行住房商品化、社会化，建立以中低收入家庭为对象、具有社会保障性质的经济适用房供应体系和以高收入家庭为对象的商品房供应体系。1998年7月，国务院发布《关于进一步深化城镇住房制度改革加快住房建设的通知》，宣布从同年下半年开始全面停止住房实物分配，实行住房分配货币化。

我国推行住房商品化改革以后，城市居民有了择居的自由，可以满足不同家庭不同的住房需求。再加上针对不同收入群体的住房供应政策，更加速了城市居住空间分异现象的出现。城市低收入人群受到收入水平的制约和不断上涨的住房价格的影响，只能选择在房价/房租较低的住区聚居，从而导致空间上具有一定规模的低收入人群聚居区的产生。同时在1998年之前建成的住房多为单位福利分房，比如工厂家属院、职工宿舍等，受到建筑条件、居住环境等多方面因素的影响，这些老旧小区和工厂家属区也成了低收入人群聚居区。

（2）城市化和城市郊区化因素

1996 年我国进入了快速城市化阶段，城市人口迅速增加。在此期间，我国绝大部分城市都经历了旧城改造、退二进三、城市土地有偿使用制度和户籍制度改革等进程，城市迅速向外扩张。一方面，城市化和城市郊区化加速了城市的居住空间分异，城市边缘和近郊区由于房价较低，吸引了大量中低收入人群；同时旧城改造中也存在着一种“把穷人赶出市中心”的趋势，这使得城市边缘和新城住区很快成了城市低收入人群聚居区。另一方面，城市中心并没有衰落，由于商业配套和教育等资源丰富，城市中心仍然是中高收入者的居住地。

昆明市于 2003 年开始进行大规模的旧城改造，于 2009 年开始大规模的城中村改造。截至 2013 年，主城中心地区（二环内）基本完成了旧城改造和城中村拆迁，建成了大量商品住宅小区。这些新建的住宅小区与原有的老旧小区和城中村相比，房租水平高。而改造和拆迁前的居民一般为低收入人群，这些低收入人群由于经济承受能力不足，无力租住新建小区住房，只能迁往房价 / 房租较为低廉的城郊地区。因此，偏离城市中心的老旧小区、城中村和工厂家属区就逐渐成为低收入人群聚居区。

此外，昆明市于 20 世纪 90 年代末开始兴建廉租、经适、公租等各类保障性住区。由于受到政府财政、地价等因素的限制，这些保障性住区大多位于城市三环附近或三环之外，远离城市就业中心区，存在配套设施不完善、交通不便等问题。并且这些保障性住区大多集中连片分布，在空间上形成一定规模，也成为低收入人群的聚居区。

（3）社会学因素

从社会学角度来看，城中村、保障性住区、老旧小区和工厂家属区等低收入住区形成也源于社会极化和社会隔离。在当前住房政策的影响下，具有相同或相近工作、生活背景的人聚居在一个特定的区域内，而不同属性人群居住区空间上趋于隔离。这种富裕阶层和低收入阶层居住空间和社会交往上的隔离，导致了低收入人群很少与富裕阶层进行社会交往，很难从富裕阶层获得帮助，只能依靠低收入人群内部形成的社会网络，难以迁出低收入聚居区，进而导致低收入人群集中性进一步加剧。

具体来看，城中村中居民多为没有本地户籍的低技能外来务工人员，而且同一个城中村中的居民大多存在地缘关系，他们之间的相互交往频繁，但与本地居民的交往较少，形成了一定程度的社会隔离。这种社会隔离不仅限制了城中村居民的上升空间，也降低了居民迁离城中村的机会。

随着经济结构的调整和国有企业的改革，大量的低技能劳动岗位逐渐被淘汰，形成了一定规模的下岗、失业、离退休人群以及在岗低收入人群，其聚居的工厂家属区和老旧小区也逐渐成为低收入人群聚居区。这些老旧小区和工厂家属区的居民受到年龄、技能等方面的限制，参与劳动的人口较少，与外界接触机会也较少，居民本身无力改变其居住现状，大多不具备迁往条件较好住区的可能。这些住区的居民具有很强的群体性和集中性，从而形成了一定程度的社会隔离，导致了低收入人群聚居区的形成。

第 4 章　昆明市低收入人群特征分析

城市低收入人群作为弱势群体，在年龄、技能、就业岗位、受教育水平等方面较一般市民存在一定的差异。由于低收入人群的居住与就业空间的主动选择能力较差，其居住与就业地之间的空间关系也会与一般市民存在一定的差异。同时，城市低收入人群内部并不是均值的，不同类型的低收入人群在技能、收入水平和就业岗位等方面存在一定的差异，其职住空间关系也会存在一定的差异。因此，在进行低收入人群职住空间关系特征分析之前，要对低收入人群自身特征，特别是不同类型低收入人群之间的差异性进行研究。

本研究以低收入住区居民作为城市低收入人群的代表，对典型低收入住区居民进行问卷调查。利用所获取的数据对低收入人群的社会经济属性进行分析，并利用潜在类别方法对其进行聚类，定量揭示低收入人群内部构成的差异性。

4.1　数据收集与分析方法

4.1.1　数据收集

（1）数据收集

本研究以低收入住区居民作为城市低收入人群的代表，在第 3 章所揭示的昆明市主城区4个低收入人群主要聚居区中，选择了13个典型低收入住区，包括5个城中村、3个廉租住区、3个公租住区、1个经适住区和1个工厂家属区，分别于2013年5月和7月，对其居民进行了问卷调查和访谈。

由于存在“入户难”的问题，本研究采用了偶遇抽样法（Accidental Sampling），在住区人员较为密集的主要出入口、菜市场和幼儿园门口发放问卷。为了确保问卷能够涉及不同时间段的居民，采取在每天三个时间段，按比例分配调查户数（11：00—13：00、14：00—16：00、17：00—20：00，调查户数比例为2：1：3）。

为了保证问卷的真实性和有效性，调查员两人一组，一人询问情况，一人填写问卷。本研究共发放问卷1000份，有效回收问卷805份。其中城中村281份、公租住区198份、廉租住区205份、经适住区61份、工厂家属区60份。调查问卷涉及居民个人和家庭社会经济属性特征、工作地、通勤时间、通勤距离、通勤方式等内容。

（2）数据的有效性分析

目前我国缺少关于城市居民收入的大样本微观数据，本研究采用低收入住区居民作为城市低收入人群的代表进行分析，原因如下：首先，从收入水平来看，2013年度昆明市在岗职工平均工资为4600元/月（《昆明统计年鉴2014》）。国内外相对贫困的实证研究中，一般将平均工资的50%和20%作为相对贫困和极度贫困标准[149-150]。按此标准，2013年昆明市相对贫困线和绝对贫困线分别为2300元/月和920元/月。

通过对低收入住区居民的收入情况统计，其收入平均值为2142元/月，中位值为2000元/月，均低于昆明市相对贫困线。从各收入等级所占比重来看，93%的住区居民低于昆明市平均工资水平，60%的住区居民低于相对贫困线，22%的住区居民低于极度贫困线。由此可见，本研究选取的低收入住区居民调查样本基本涵盖了城市中各种贫困深度的低收入人群。

除此之外，从其他社会经济属性特征来看，调查样本在各指标的各种等级上分布都较为均匀，比较全面地涵盖了低收入人群的不同属性特征。因此，将低收入住区居民作为城市低收入人群的代表具有科学性和可行性，调查样本具有较好的代表性和有效性。

4.1.2 分析方法

本研究采用潜在类别聚类方法对城市低收入人群内部构成的异质性进行分析。潜在变量分析法（Latent Class Analysis，LCA）是利用可观测的外显变量（Observed Variables）来表示抽象的潜在变量（Latent Variables）状态的方法。通过潜在类别模型（Latent Class Model，LCM），以最少的潜在类别数目来解释外显变量之间的关联。

LCM 基本原理是概率参数化（Probabilistic Parameterization），它将类别变量的概率转换成参数形式带入模型，具体原理为：假定外显变量之间的关联可用潜在变量来揭示和估计，公式（4.1）表示了具有 A、B、C 三个外显变量的潜在类别模型：

$$\pi_{ijk}^{ABC}=\sum_{t=1}^{T}\pi_{t}^{X}\pi_{it}^{A-X}\pi_{jt}^{B-X}\pi_{kt}^{C-X} \tag{4.1}$$

公式（4.1）中 π_{ijk}^{ABC} 表示观测数据属于某个特定潜在类别的概率，所有潜在类别的概率和为 1，即 $\sum_{t=1}\pi_{t}^{x}=1$。研究建立的 LCA 模型采用了收入、性别、户籍、产权、教育水平等 8 个外显类别变量进行聚类分析。传统的聚类分析处理的是连续变量，不适用于处理类别变量，因此本研究采用了能够处理类别变量的潜在类别聚类模型（Latent Class Cluster Model，LCCM）。

潜在类别聚类模型的基本原理为创造一个新的类别变量来分析观测值的后验类别属性。一般从潜在类别属于 1 的基准模型，逐步增加潜在类别的数目，并利用 BIC、AIC 等指标检验每一个模型的适配性，借以选出最佳模型。当 T 个潜在类别变量能够揭示最大的外显变量变异时，会使理论模型最接近观察数据，即 BIC/AIC 指标最小，那么 T 个类别（T-cluster）的模型即最佳模型。

$$\pi_{ijkt}^{X-ABC}=\frac{\pi_{ijkt}^{ABCX}}{\sum_{t=1}^{T}\pi_{ijkt}^{X-ABCX}} \tag{4.2}$$

如公式（4.2）所示，LCM 聚类原理是 Bayesian 理论[151]，利用公式（4.2）计算出条件概率后，根据该条件概率判断某一项目属于哪一类别。潜在类别聚类的具体过程包括：第一，估计初始模型（T=1 的 1–cluster 模型），逐步增加类别数，进行各模型的参数估计，计算适配性；第二，进行适配性检验和差异检验，以决定最佳模型；第三，进行类别的模型与参数估计结果整理，根据概率分布决定各观测值的归属类别。目前潜在类别聚类模型被广泛应用于心理学和社会学研究中[152–154]，在城市问题研究中尚未得到广泛的应用。本研究利用潜在类别聚类模型对低收入人群进行聚类，希望能够拓宽城市问题的定量研究方法。

4.2 低收入人群经济社会属性特征分析

将 805 份有效样本的社会经济属性进行汇总统计，分析低收入人群的总体特征，结果如表 4.1 所示。

表 4.1 低收入住区的居民社会经济基本情况分析

个人收入（元）		住房产权　（%）		教育水平（%）	
均值	2142	自有	24.1	小学及以下	33.66
中位值	2000	租住	75.9	初中	31.93
≥ 4000	9.07	年龄　（%）		高中	25.24
4000 ≥ 3500	5.71	青年（≤ 30 岁）	18.63	大专 / 大学	9.07
3500 ≥ 2500	19.25	中青年（50 ≥ 30 岁）	36.27		
2500 ≥ 1700	29.57	中老年（70 ≥ 50 岁）	35.16	就业情况及职业类型（%）	
1700 > 0	31.80	老年（≥ 70 岁）	9.94	零工	21.49
无收入	4.60	家庭规模　（人 / 户）		房东	1.61
性别（%）		<2 人	13.42	工人	9.07
女	51.06	3 ≥ 2 人	18.76	商贩	17.02
男	48.94	≥ 3 人	67.83	职员	16.27
户籍（%）		家庭劳动力数量（人 / 户）		公务员	1.99
本地	36.27	≤ 1 人	36.27	失业	13.42
外地	63.73	2 ≥ 1 人	44.47	退休	19.13
		>2 人	19.25		

首先，从收入水平来看，低收入住区居民收入均值仅为 2142 元，为同年度昆明市在岗职工平均工资（4600 元）的 47%，其中有 36% 的居民收入等于或低于平均工资的 40%，仅有 9% 的居民收入等于或超过平均工资。如果将在岗职工工资的 50% 作为相对贫困线，大部分低收入住区居民属于城市低收入人群。

其次，从社会经济属性特征来看，低收入住区居民户籍类型中外地人口要超过本地人口；性别比例较为均衡；家庭规模较大（大于等于 3 人 / 户占 68%），平均劳动力数量为 1 ～ 2 人；以 30 ～ 50 岁、50 ～ 70 岁中青年和中老年所占比重较大；大部分居民受教育水平较低，初中及以下人口占 66%，接受过高等教育的人口仅占 9%。

最后，从就业状况来看，低收入住区居民劳动参与率为 67%，略高于昆明市全社会劳动参与率水平（62%）。从其岗位类型来看，零工（主要从事保洁、家政、零售等服务型行业）、商贩（主要是经营小本生意的自营职业者，其中有一部分从事非正式经济）、职员（主要就业于中介、零售等服务型行业）、工人（主要是建筑工人和低技能的小微企业工人）岗位的比重较大，还包括少量公务员（包括事业单位从业人员）和房东。以上这些岗位绝大部分属于低技能的劳动密集型和服务密集型岗位，总体工资水平较低。541 个就业居民平均收入为 2659 元，为昆明市平均工资水平的 58%。

4.3　低收入群体潜在类别分析

4.3.1　模型选择与评价

本研究采用 LaentGOLD 软件，利用性别、年龄、受教育水平、收入、户籍、住房产权、家庭人口规模及劳动力数量 8 类外显类别变量（具体变量分类状况如表 4.1 所示）对低收入住区居民进行潜在类别聚类分析。

为了选择合适的潜在类别模型，本研究采用探索性潜在类别分析，即从潜在类别数为 1 的初始模型开始， 共拟合了 10 个潜在变量模型，具体拟合结果如表 4.2 所示。

表 4.2　探索性潜在类别分析模型适配指标摘要表（N=805）

	BIC（LL）	AIC（LL）	N_{par}	G_2	df	p–value	Class.Err.
Model 1	12889.87	12805.43	18	2786.309	787	0.0000	0
Model 2	12610.49	12483.84	27	2446.72	778	0.0000	0.0364
Model 3	12400.68	12231.81	36	2176.691	769	0.0000	0.0505
Model 4	12391.66	12180.57	45	2107.453	760	0.0000	0.0807
Model 5	12375.57	12122.26	54	2031.143	751	0.0000	0.1218
Model 6	12397.22	12101.69	63	1992.572	742	0.0000	0.1643
Model 7	12393.27	12055.53	72	1928.409	733	0.0000	0.1445
Model 8	12427.3	12047.34	81	1902.22	724	0.0000	0.1891
Model 9	12429.05	12006.88	90	1843.755	715	0.0000	0.1678
Model 10	12462.81	11998.42	99	1817.299	706	0.0000	0.1747

表 4.3　各外显变量对潜在变量的解释比率

主因子	解释比率	决定系数
性别	0.1368	0.0187
户籍类型	0.8057	0.6492
产权类型	0.4345	0.1888
年龄	0.7328	0.5370
家庭规模	0.8376	0.7016
家庭劳动力数量	0.5625	0.3164
受教育水平	0.3343	0.1118
个人收入	0.3751	0.1407

由拟合结果可见：潜在类别为 5 的模型 BIC 指标最小（BIC=12376，G^2=2031，df=751，p<0.0001），潜在类别为 10 的模型 AIC 指标最小（AIC=11998，G^2=1871，df=706，p<0.0001）。一般来讲，样本数量较大（数千人或以上）或参数数量较少时，采用 BIC 指标较为理想[151]，同时在自由度（df）相差不大的情况下，Model 5 的卡方检验值较大且模型分类较为简洁。综合考虑各检验指标和模型的简洁程度，选择包含 5 个潜在类别的模型作为理想模型。

同时，如表 4.3 所示，潜在类别聚类模型也提供了各外显变量与潜在变量的关联程度，各载荷量的平方（R^2）即潜在变量被解释的比率。研究中户籍类型、年龄和家庭规模变量对聚类结果的解释比率最大，产权类型、家庭劳动力数量、受教育水平和个人收入变量也提供了一定程度的解释，而性别变量所提供的解释作用非常小。

以潜在类别数量为 5 作为最优模型，如图 4.1 所示，得到 8 个外显变量的条件概率分布情况。

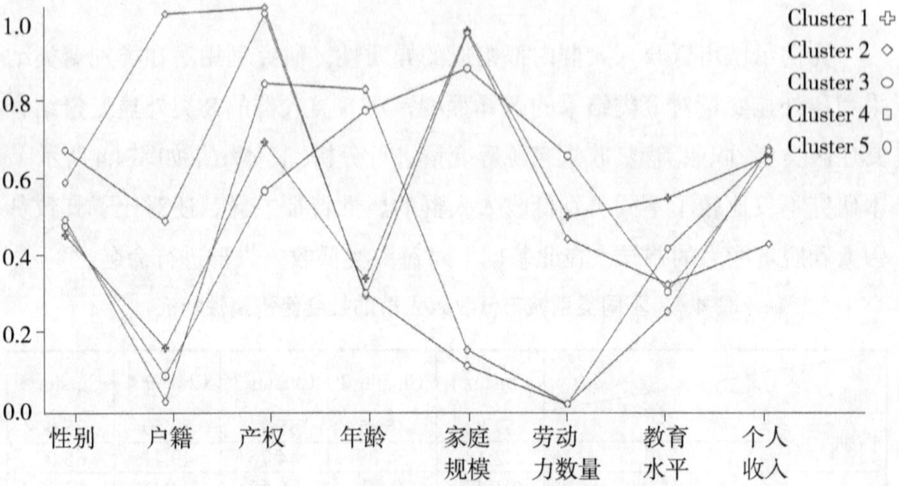

图 4.1　5 个潜在类别的条件概率分布

根据图 4.1 的概率分布情况，得出 5 种类别的城市低收入人群，这 5 类人群在性别、年龄、受教育水平、收入、户籍、住房产权、家庭人口模型、劳动力数量方面表现出了一定的差异，具体来看：

第一类人群呈现出低收入、本地户籍、家庭规模较大、较年轻、教育水平较高的特征，占样本总量的 31%；第二类人群呈现出收入水平较高、外地户籍、家庭规模较大、较年轻、受教育水平低的特征，占样本总量的 27%；第三类人群呈现出收入水平较低、本地户籍、家庭规模较大、老年人占绝大多数且教育水平低的特征，占样本总量的 25%；第四类人群呈现出收入水平极低、本地户籍、家庭规模较小、教育水平低的特征，占样本总量的 9%；第五类人群呈现出收入低、户籍类型均衡、家庭规模较小、较年轻、教育水平较高的特征，占样本总量的 8%。

以上分类是通过各类低收入人群在 8 个外显变量上的概率分布得出的，并没有详细分析不同类别低收入人群社会经济属性特征的差异性，也没有揭示不同类别人群致贫因素和脱贫能力的差异性。要准确全面地揭示城市低收入人群内部构成的差异性，需对各类人群特征进行深入分析和对比，并在其基础上对具有明显差异性的低收入人群进行命名。

4.3.2 不同类型低收入人群命名及特征分析

为揭示城市低收入人群内部构成的异质性，研究利用潜在类别聚类结果和各外显变量对聚类结果的解释程度，对 5 类人群的 8 类外显变量结合其住区类型、职业类型、收入来源等变量进行分析（具体结果如表4.4 所示）。本研究不仅比较了不同类别低收入人群的属性特征差异，还对比了其致贫因素和脱贫能力的差异，在此基础上对每一类低收入人群进行命名。

表 4.4 不同类别城市低收入人群的社会经济属性特征

项目	类别	Cluster 1	Cluster 2	Cluster 3	Cluster 4	Cluster 5
性别（%）	女	57.82	45.61	55.24	50.59	35.00
	男	42.18	54.39	44.76	49.41	65.00
户籍（%）	本地	91.47	0.00	96.67	100.00	53.33
	外地	8.53	100.00	3.33	0.00	46.67
产权（%）	自有	36.49	0.00	47.62	18.82	1.67
	租住	63.51	100.00	52.38	81.18	98.33
年龄（%）	≤ 30	23.22	34.31	0.00	0.00	31.67
	50 ≥ 30	68.25	47.28	0.48	0.00	56.67
	70 ≥ 50	8.53	18.41	76.19	63.53	11.67
	≥ 70	0.00	0.00	23.33	36.47	0.00
家庭规模（人 / 户）	1	0.00	0.42	0.48	67.06	81.67
	2	10.90	12.97	27.62	32.94	18.33
	3	89.10	86.61	71.90	0.00	0.00
劳动力数量（人 / 户）	1	26.54	31.80	7.14	100.00	100.00
	2	55.45	50.63	57.14	0.00	0.00
	3	18.01	17.57	35.71	0.00	0.00
教育水平（%）	小学及以下	13.27	38.49	44.29	45.88	31.67
	初中	26.07	36.82	29.52	36.47	35.00
	高中	44.08	17.57	20.95	12.94	23.33
	大专 / 大学	16.59	7.11	5.24	4.71	10.00
个人收入（%）	均值	1794	2928	1898	1687	1733
	≥ 4000	5.21	18.41	6.19	1.18	6.67
	4000 ≥ 3500	2.84	12.55	2.86	3.53	1.67
	3500 ≥ 2500	17.54	25.10	18.10	10.59	18.33
	2500 ≥ 1700	28.91	29.71	27.62	44.71	16.67
	1700 ≥ 0	39.81	11.72	40.48	32.94	51.67
	0	5.69	2.51	4.76	7.06	5.00

续表

项目	类别	Cluster 1	Cluster 2	Cluster 3	Cluster 4	Cluster 5
住区类型（%）	城中村	3.32	100.00	3.33	0.00	46.67
	公租房	39.81	0.00	40.00	30.59	6.67
	廉租房	41.23	0.00	39.52	15.29	36.67
	经适房	5.69	0.00	11.90	23.53	6.67
	工厂家属区	9.95	0.00	5.24	30.59	3.33
就业与职业类型（%）	零工	18.48	28.45	16.19	20.00	25.00
	房东	0.00	4.18	0.00	1.18	3.33
	工人	6.16	13.81	4.76	11.76	11.67
	商贩	6.16	35.37	12.86	3.53	15.00
	职员	22.27	12.55	17.14	17.65	5.00
	公务员	1.42	1.26	3.81	1.18	1.67
	失业	20.38	2.51	15.24	14.12	25.00
	退休	25.12	1.67	30.00	30.59	13.33
收入来源（%）	工资	47.39	60.67	42.38	48.24	38.33
	房租	0.00	4.18	0.00	1.18	3.33
	自营	5.69	30.54	10.48	3.53	13.33
	养老金	21.80	2.09	24.76	30.59	13.33
	低保	19.43	0.00	17.62	9.41	25.00
	无	5.69	2.51	4.76	7.06	6.67

第一类，本地户籍、有劳动能力和技能的城市低收入人群。

具体来看：首先，这类人群以 30 ～ 50 岁中青年（占比为 68%）以及 30 岁以下青年（占比为 23%）为主，年龄结构呈现出年轻化的特征。其次，这类人群教育水平较高，高中及以上人群占比达到 61%。再次，这类人群的劳动参与率在 5 类人群中是最低的，就业人口仅占 46%，退休和失业人员比重较大（占比分别为 25% 和 20%）。最后，这类人群的就业岗位主要是以平均工资水平较低的零工（占比为 18%）和职员（占比为 22%）为主。劳动参与率低和就业岗位类型使得这类人群的收入（均值为 1794 元）低于住区居民的平均水平（2142 元）。

由以上分析可见，这类人群呈现出较为矛盾的特征，即较为年轻且受教育水平较高，但劳动参与率及收入水平较低。分析其原因发现：首先，这类人群绝大多数为本地户籍（占比为 91%），享有城市的住房、救助、养老等相关福利。其中 41% 的居民居住在租金水平最低的廉租房中，另有

40% 的居民享有公租房福利，19% 的居民接受城市最低生活保障的救助，22% 的居民享有由社会保障部门和个人账户共同支付的养老金。其次，这类人群的家庭劳动力规模较大（两个劳动力类型占比为 55%），可以分担家庭经济压力。

以上两个因素就使得这类人群虽然具有劳动能力并具备一定的技能，但其就业意愿和就业率较低，就业也大多选择从事工资收入较低但较为轻松的职员等岗位，从而导致其收入水平较低。

第二类，外地户籍、低技能的城市低收入人群。

具体来看：首先，这类人群全部为外地户籍，很难享受城市相关福利，人群全部租住在城中村，基本没有城市生活最低保障救助和养老金。其次，人群的教育水平较低，初中及以下人群占比为 75%。再次，人群的年龄结构十分年轻，30 ～ 50 岁中青年占比为 47%，30 岁以下青年占比为 34%，无 70 岁以上老年人口。最后，人群的收入水平（均值为 2928 元）超过住区居民平均水平，在 5 类人群中收入水平最高。

通过对人群的属性特征分析发现，此类人群收入水平相对较高的原因主要包括：第一，此类人群由于基本没有城市相关福利，在城市中生存需要完全凭借自身力量，因此其劳动参与率非常高（96%）。第二，从就业岗位类型来看，此类人群较为年轻但教育水平不高，主要以低技能、劳动密集型的商贩、零工和工人为主，这些岗位提供的工资水平较高，如商贩的平均收入为 3090 元，工人的平均收入为 2783 元，远高于较为轻松的职员岗位工资水平（2144 元）。第三，从其收入来源看，自营收入水平远高于工资、退休和低保收入，而此类人群中个体经营占比较大（31%）。

第三类，本地户籍、劳动能力受限的城市贫困人群。

具体来看：首先，与第一类人群相类似，这类人群绝大多数为本地户籍，享有城市相关福利。其中 92% 的居民居住在廉租房、公租房、经适房等保障性住区之中，18% 的居民接受了城市最低生活保障的救助，25% 的居民享有养老金。此类人群的劳动参与率极低，就业人口仅占 45%。其收入水平也较低，收入平均值仅为 1898 元，远低于住区居民的平均水平。其次，这类人群也表现出了与第一类人群不同的特征：第一，其年龄结构呈现出明显的老年型特征，50 ～ 70 岁中老年人口占比达到 76%，70 岁以上老年人口占比达到 23%，没有 30 岁以下青年人口。第二，其受教育水平非常低，初中及以下人群占比达到 74%，仅有 5% 的居民接受过大专 / 大学教育。第三，由于受教育水平较低，此类人群就业岗位中职员岗位比重较第一类人群低。

由此可见，与第一类人群相比，此类人群劳动参与率和收入水平低的原因主要是受到了自身劳动能力和教育水平的极大限制，而不是参与劳动的意愿不足。

第四类，传统城市贫困人群。

此类人群规模占比较小（9%），基本上属于无生活来源、无劳动能力、无法定赡养人，生活基本依靠城市福利救助的城市传统贫困人群。

具体来看：第一，这类人群老年性特征最为明显，70 岁以上老年人口比重（36%）要远超过其他四类人群，其中还包括大量的城市企业退休人员，其生活来源主要依靠城市福利体系救助。第二，此类人群的教育水平最低，初中及以下居民比重超过 82%。第三，此类人群的家庭规模和劳动力数量较小，1 人 / 户占比达到 67%，且家庭劳动力数量全部为 1 人，属于缺少赡养人的人群。

由此可见，第四类人群呈现出了传统城市贫困的特征，即以老年人为主，基本没有劳动能力并缺少家庭赡养人，生活基本依靠城市福利体系。此类人群的收入水平在五类低收入人群中最低（平均收入为 1687 元），仅为昆明市在岗职工平均工资水平的 40%，贫困深度较大。

第五类，流动性较强的城市低收入人群。

此类人群规模仅为 8%，这类人群既包括本地户籍人口（占比为 53%）又包括外地户籍人口（占比为 47%），但都表现出了明显的共性特征：第一，单身家庭和单一劳动力家庭占绝大多数。第二，其年龄结构呈现出明显的年轻化特征，其中 30 ～ 50 岁中青年占比为 57%，30 岁以下的青年占比为 32%，无老年人口。第三，其受教育水平较低，初中及以下人口占比为 67%。第四，由于受到教育和技能限制，这类人群缺乏劳动力市场的竞争能力，就业岗位以不稳定的零工和商贩为主（占比分别为 16% 和 9%）。第五，由于就业岗位不稳定，失业人口占一定比重（25%），这类人群的平均收入为 1733 元，低于住区居民平均水平。

由以上分析可见，第五类人群虽然较为年轻，但是由于受到教育水平的限制，在劳动力市场中缺少竞争力，难以就业或就业岗位不稳定。同时家庭规模和劳动力数量较小，缺少分担经济压力的家庭成员。

4.4 低收入人群内部构成异质性分析

通过以上对五类人群的社会经济属性特征分析，发现城市低收入人群虽然总体上均表现出收入水平和教育水平较低、以服务型和劳动密集型岗位就业为主的共同特征，但从贫困深度、致贫原因和脱贫能力角度来看，不同类别的低收入人群表现出了明显的差异性。

第一类人群大多为本地户籍，有劳动能力且有一定劳动技能，但劳动参与率和收入水平较低，其致贫原因主要是由于人群主观上的就业意愿较低。第二类人群为外地户籍，年轻且劳动参与率高，教育水平和技能较低，收入水平相对较高的人群。其致贫原因不仅包括自身教育水平和技能限制，还包含了福利体系排斥等制度因素。第三类人群绝大部分为本地户籍，受到年龄、体力、技能的限制，劳动参与率低，收入水平低、贫困深度较大的人群，其致贫原因主要是受到自身体力和技能的限制。第四类人群属于城市传统贫困人群，即传统的“三无”人员，贫困深度大，自身基本无脱贫能力。第五类人群既包括本地户籍又包括外地户籍人群，普遍缺乏劳动力市场竞争能力，难以就业或就业岗位不稳定，收入水平较低，具有较高的流动性。

由此可见，城市低收入人群内部构成表现出明显的差异性。而我国目前对城市低收入人群采取的救助措施，如生活基本救助、失业救助等，将城市低收入群体作为一个均质的整体，主要侧重于从外部对低收入人群进行救助，而相对忽视挖掘和激发低收入人群自身的潜能。这种较为粗放的城市扶贫方式虽然能够改善部分低收入人群的生活状况，但对缩小收入差距的作用并不明显，也不能满足低收入人群提升和发展的需求。应充分认识城市低收入人群内部的差异性，要根据不同人群的特点对其进行帮助，具体来看：

首先，第三和第四类人群的贫困深度大，且本身没有脱贫能力，只能依靠城市福利体系救助。城市政府需要优先对其提供能够满足基本生活的货币和实物救助。此外，这两类人群中老年人口比重较大，政府还需要在住房、医疗等方面提供有效保障。

其次，第一、第二和第五类人群的贫困深度不大，较为年轻且具有一定的技能和就业能力。如果城市政府根据不同人群就业面临的具体困难提供切实有效的帮助，这三类低收入人群有可能依靠自身能力提高收入水平。

"空间失配"假说提出，职住空间分离和长距离通勤会对低收入人群造成较高的通勤经济成本和时间成本，从而成为低收入人群就业的空间障碍。根据以上研究结果发现，第三和第四类城市低收入人群不具备就业能力，因此没有必要对其进行空间失配的研究。只需对第一、第二和第五类有就业能力，且劳动参与率较高的低收入人群进行职住空间关系及其经济效应研究，探讨这三类城市低收入人群是否存在职住空间失配，职住空间关系对其收入和就业产生何种影响。同时也要考虑到这三类人群之间的差异性，也有必要对不同类型低收入人群的职住空间关系及其经济效应进行对比分析。在此基础上，才能够有针对性地提出促进城市低收入人群就业、提高其收入水平的相关对策和建议。

第 5 章　昆明市低收入人群职住空间关系特征分析

本研究以昆明市主城区内城中村、保障性住区（包含廉租、公租、经适住区）和工厂家属区三类低收入住区居民作为低收入人群的代表，通过对其居住地、就业地，以及相关通勤指标进行分析，揭示低收入人群职住空间关系的特征。本章旨在研究以下两个问题：第一，低收入人群的职住空间关系与一般居民相比较存在何种差异，以及何种因素对其职住空间关系产生显著影响；第二，不同类型的低收入人群职住空间关系存在何种差异。

5.1　数据收集与分析方法

5.1.1　数据收集

（1）典型低收入住区简介

本研究利用第 4 章中选择的 13 个典型低收入住区，包括 5 个城中村、7 个保障性住区（包括 3 个廉租小区、3 个公租小区和 1 个经适小区）、1 个工厂家属区作为研究样点小区，样点小区区位和基本情况如表 5.1 所示。

表 5.1　所调查低收入住区的基本情况

住区名称	住区类型	所处地段	距市中心距离（km）	交通条件	配套设施及繁荣程度
上马新村	城中村	二、三环间	4.5	远离城市主干道和公交站点	距次级商业中心较远，配套设施不完备
金刀营	城中村	二、三环间	5	邻近城市一级主干道，交通便利	邻近次级商业中心，配套设施完善
西站黄土坡	城中村	二环内	5	邻近城市一级主干道，交通便利	邻近次级商业中心，配套设施完善
东郊黄土坡	城中村	三环外	7.7	远离城市主干道和公交站点	社区级别商业，配套设施不完备
子君村	城中村	三环外	11.7	邻近城市主干道交会处，交通便利	邻近大型批发中心，配套设施较为完备
泽惠园	公租房	二、三环间	4.5	邻近城市主干道交会处，交通便利	社区级别商业，配套设施较完备
华福苑	廉租房	二、三环间	5.7	远离城市主干道和公交站点	社区级别商业，配套设施不完备
人和新居	廉租房	二、三环间	6	邻近城市主干道，公交体系不发达	社区级别商业，配套设施不完备
天骄北麓	公租房	三环外	9	邻近城市主干道，公交体系不发达	社区级别商业，配套设施不完备
幸福家园	廉租房	三环外	10	邻近城市主干道，公交体系不发达	社区级别商业，配套设施完备
欣景花园	公租、经适	三环外	11.5	邻近城市主干道，公交体系不发达	社区级别商业，配套设施不完备
机床厂家属区	工厂家属区	三环外	13.2	远离城市主干道和公交站点	社区级别商业，配套设施不完备

注：距市中心距离为距市中心的直线距离。

如表 5.1 所示，这 13 个典型低收入住区在类型、区位条件、交通可达性、配套设施、繁荣程度，以及居民构成等方面具有明显差异。样点小区具体情况如下。

其中上马新村、金刀营、西站黄土坡、东郊黄土坡和子君村属于城中村。上马新村位于二环北路，介于二环与三环之间，偏离城市主干道，城市基础设施和配套设施不完备，交通可达性较差。目前该村无公交站点，居民需步行 700m 左右到龙泉路处方可乘坐公交车出行。该村居民主要包括外来进城务工人员、当地村民等。

金刀营位于二环北路，介于二环与三环之间，地理位置较为优越，邻近城市一级主干道和次级商业中心，城市基础设施和配套设施较为完善，交通可达性较好。2009 年开始昆明市进行了大规模的城中村改造，二环内的城中村基本完成了拆迁，而金刀营尚未有拆迁计划，因此有大量原中心城区的城中村居民搬迁到该村居住。该住区为典型的城中村社区，街道狭窄，违章建筑大量存在。人口密度较高且具有一定的区位优势，造成该村及周边地区低端商业和服务业较为繁荣。

西站黄土坡位于二环内，距中心城区仅有 5 km，紧靠滇缅大道，地理位置优越，交通便利，乘公交车到中心城区大约 30 分钟，城市基础设施和配套设施也较为完备。

东郊黄土坡位于三环外的近郊地区，远离城市中心，公交车可达性差，城市基础设施、服务设施和配套设施较差。该村居民由于通勤距离和通勤时间长、交通不便等原因，很少到中心城区进行购物、休闲、娱乐等活动。居民一般以本地村民、外来进城务工人员为主。

子君村虽然位于三环外，远离城市中心，但其位于两条城市一级主干道的交会处，靠近大型体育城（新亚洲体育城）和大型商品批发市场（昆明螺蛳湾国际商贸城），交通可达性较好，城市基础设施和配套设施较为完善。大型商业中心和体育中心为子君村及其周边地区提供了大量的服务型就业岗位，吸引了大量的外来进城务工人员居住。

泽惠园、天骄北麓、欣景花园属于公租住区。泽惠园小区位于昆明市二环与三环之间，距中心城区 4.5 km，邻近城市一级主干道，地理位置优越，交通便利，城市基础设施和配套设施较为完备。调研期间泽惠园处于刚刚建成入住阶段，住区居民绝大多数为具有昆明市户籍的中低收入、住房困难的人群，大多拥有正式工作，外来务工人员和退休人员较少。由于该小区建成历史较短，入住率不高，住区周边商业繁荣程度较低。

天骄北麓小区位于昆明三环之外，远离城市中心，虽然邻近红云路、红锦路、龙泉路等城市主干道，但城市基础设施和配套设施不完备，公共交通的可达性较差。居民乘坐公交车到达城市中心的车程约 10.5 km，耗时

50 余分钟。大部分住区居民具有城市户籍和较为稳定的就业岗位，仅有少部分居民靠打零工或者经营小本生意维持生活。

欣景花园公租小区位于三环之外，距离城市中心 11.5 km。虽然邻近城市主干道，但城市基础设施和配套设施不完备，交通可达性较差，小区距离公交站点较远，居民出行不便。调研期间该住区仅有 1 所幼儿园，没有小学和初中，也没有银行网点和医疗诊所。由于位置偏远、出行不便、租金较高等原因造成该公租小区空置率较高。

华福苑、人和新居和幸福家园属于廉租住区。华福苑位于昆明市二环与三环之间，地理位置较为偏远，远离城市主干道，交通不便，城市基础设施和配套设施不完备，交通可达性差。住区周边仅有一条公交线路，到达市中心需耗时 60 分钟左右。住区居民绝大多数是具有昆明市户籍的低收入人群，受到收入水平和消费能力的限制，该住区及周边地区商业繁荣度较低。

人和新居位于二环和三环之间。小区紧邻城市一级主干道，距中心城区约 6 km，但交通可达性较差。该住区建成历史较短，房屋建筑、街道地面、休闲设施、园林景观规划与布局较好，但住区及其周边地区的城市基础设施、配套与服务设施不完善，仅有社区级别商业，无幼儿园、小学、医疗救助站、银行网点等设施。

幸福家园小区位于城市三环之外，远离城市中心，虽然邻近城市一级主干道，但住区交通不便，交通可达性较差。住区居民绝大部分是具有昆明市户籍的低收入、无住房的人群。住区中大部分居民依靠城市最低生活保障金维持生活，只有少部分以打零工或者从事非正式经济维持生活。

欣景花园经适小区位于三环之外，邻近城市主干道但公共交通可达性较差。小区于 2006 年建设完成，并以低于同期普通商品住宅的价格出售给具有昆明市户籍且无住房的低收入家庭。

昆明机床厂家属区属于典型的工厂大院，住区位于三环之外的近郊区，距中心城区约 13.2 km。该家属区建于 20 世纪 70 年代，小区建筑是典型的砖混结构，红砖外露、墙体发黑，部分墙体出现裂缝、长草现象，居住环境较差。居民大部分是原昆明机床厂的退休职工，由于租金较低，住区中还有少量外来务工人员租住。

由以上对调查样点小区的介绍可见，低收入住区具有如下特征。

第一，从地理位置上看，大多远离城市中心。与保障性住区及工厂家属区相比，城中村更加靠近城市中心，具有一定的区位优势。

第二，从交通便利程度上看，除了上马新村、东郊黄土坡、华福苑和机床厂家属区外，其他住区虽大多邻近城市主干道，但住区周边公共交通线路较少，或距公交站点较远，住区的公交车可达性差。三类低收入住区比较而言，城中村的交通可达性要优于各类保障性住区和工厂家属区。

第三，从配套设施和商业繁荣程度来看，这三类低收入住区的配套设施和服务设施大都不完备，周边商业繁荣程度较差，大多属于社区级别商业。三类住区相比较，城中村及周边地区的繁荣程度要高于保障性住区和工厂家属区。

（2）数据收集

本研究以上述13个典型低收入住区的居民作为低收入人群代表，通过对其居住地、就业地和相关通勤数据的分析，揭示城市低收入人群的职住空间特征。由于第4章中进行的居民问卷调查包含了居民个人和家庭社会经济属性、职业、工作地、收入、通勤时间、通勤距离、通勤方式等内容，能够满足本章研究需求，因此本章也采用了低收入住区居民问卷调查数据进行研究。

同时从第4章分析可见，城市低收入人群内部构成具有明显的异质性，可分为五类低收入人群。其中第三和第四类人群受到年龄、技能等因素的限制，基本没有劳动能力，因此这两类人群不存在居住与就业空间关系问题。本章所选择的数据基本上是第一、第二和第五类具有就业能力的样本，没有包含第三、第四类人群。具体来看，805个有效调查样本中有264个样本属于第三和第四类人群，大多失业或退休，不能够提供相关通勤数据。

541 个样本基本属于第一、第二和第五类人群，绝大部分具有就业岗位或暂时失业，能够提供通勤和就业地点等数据，因此本章采用这 541 个就业样本进行分析。

5.1.2 分析方法

本研究利用通勤距离、通勤时间、通勤方式和工作地 4 个指标分析城市低收入人群的职住空间关系特征。本研究利用构建影响通勤的回归方程，定量揭示低收入住区居民职住空间关系的影响因素。由于通勤距离和通勤时间具有强相关性，本研究仅选取通勤距离指标代表居民职住空间关系，公式如下：

$$CD=F(x_1, x_2, x_3, x_4, x_5, x_6) \tag{5.1}$$

公式（5.1）中因变量 CD 表示居民的通勤距离，自变量则选取了收入水平、受教育水平、职业类型指标；将居民及其家庭其他属性特征、低收入住区类型、工作地区位和通勤方式指标作为控制变量。x_1 表示的是居民的收入水平（采用居民收入的对数值）；x_2 表示居民的受教育水平（按上学年数进行折算，其中文盲半文盲 = 0，小学 = 6，初中 = 9，高中 = 12，高中以上 = 15）；x_3 代表居民的职业类型（以零工为参考构建虚拟变量）；x_4 代表居民及其家庭的属性特征，包括性别（女 = 0，男 = 1）、年龄、户籍（本地户籍 = 0，外地户籍 = 1）、家庭规模、劳动力数量、住房产权类型（自有 = 0，租住 = 1）变量；x_5 代表低收入住区类型及区位条件，包括以城中村为参考构建的类型虚拟变量和达到最近公交站点时间两个变量；x_6 代表工作地区位（以二环为参考）和通勤方式（以步行 / 自行车为参考）。

5.2 低收入人群职住空间关系特征分析

低收入人群受到技能、教育水平和收入水平等因素限制，在职住空间的选择和克服就业空间障碍的能力上，与一般市民存在差异。同时，不同类型的低收入住区的区位条件不同，不同类型的就业岗位在城市中空间分布不同，因此，不同住区类型、不同就业岗位的低收入人群，其职住空间关系也存在一定差异。以下内容分别从低收入人群职住空间关系的总体特征，不同类型住区、不同类型就业岗位的低收入人群职住空间关系特征三个方面进行分析。

5.2.1 低收入人群职住空间关系的总体特征分析

本研究采用通勤距离、通勤时间、通勤方式和工作地区位四个指标来分别反映低收入人群通勤的时空成本、克服通勤障碍的能力和就业地区位选择（如表 5.2 所示）。

表 5.2 低收入住区居民通勤指标构成比重表

项目	类别	全部样本	城中村	保障性住区	工厂家属区
通勤距离（%）	CD<3 km	44.36	60.38	28.99	85.00
	3 km ≤ CD<5 km	9.80	9.43	10.14	10.00
	5 km ≤ CD<10 km	21.26	14.72	27.54	5.00
	10 km ≤ CD<20 km	17.56	12.45	25	0.00
	CD>20 km	7.02	3.02	8.33	0.00
	平均值（km）	6.26	4.41	8.03	1.24
	中位值（km）	4.00	1.50	6.2	0.80
通勤时间（%）	CT<30 min	58.96	76.23	42.39	95.00
	30 min ≤ CT<60 min	27.54	19.25	35.51	5.00
	60 min ≤ CT<90 min	10.35	4.15	18.12	0.00
	CT >90 min	3.14	0.38	3.99	0.00
	平均值	28.20	18.68	37.33	11.45
	中位值	20.00	10.00	30	9.00
通勤方式（%）	步行 / 自行车	41.59	57.36	26.45	90.00
	摩托 / 电动摩托车	24.58	20.00	28.99	10.00
	公交车	23.84	12.83	34.42	0.00
	私家车（含出租）	9.98	9.81	10.14	0.00
工作地区位（%）	二环内	29.02	17.36	40.22	0.00
	二环与三环之间	31.05	41.89	20.65	0.00
	三环外	39.93	40.75	39.13	100.00

如表 5.2 所示，首先从通勤的时空距离上看，全部样本的平均通勤距离和通勤时间为 6.26 km 和 28.20 min，与昆明市居民平均通勤距离和时间（6.15 km 和 30.60 min）相差不大。

其次，从通勤方式上看，低收入住区居民主要通勤方式为步行 / 自行车，其比重达到 42%，远高于昆明市平均水平（28%）；而私家车（包含出租车）的比重仅为 10%，远低于昆明市 24% 的平均水平。

最后，从就业地点区位来看，由于昆明市大部分就业岗位集中在城市中心区域（二环内），大部分市民以在二环内及周边地区就业为主。如表 5.2 所示，大部分低收入住区居民就业地点远离城市中心，仅有 29% 的居民工作地位于二环之内，40% 的居民工作地位于偏远的城市三环之外。

通过对全体样本的通勤行为分析发现，低收入住区居民就业的通勤时空成本与全市平均水平差异较小，这表明城市低收入人群的居住 – 就业空间关系与一般市民的差异性较小。但城市低收入人群与一般市民在克服职住空间分离的能力和就业地点的区位选择上表现出较大差异：低收入人群更倾向于采用低成本的步行 / 自行车、公交车和摩托车作为通勤方式，大部分低收入人群就业地点距离城市中心较远。

5.2.2 不同类型住区低收入人群职住空间关系特征分析

虽然低收入人群的居住 – 就业空间关系的总体特征与一般市民的差异性较小，但值得注意的是，不同类型低收入住区的居民构成不同，其居住 – 就业空间关系也表现出明显的差异性。由于工厂家属区居民的就业率非常低，60 个调查对象中仅有 21 人就业，样本数量少，因此，以下内容将样本数量较多的城中村和保障性住区作为对比，分析不同类型住区的低收入人群职住空间关系特征，其中城中村有 265 个就业样本，各类保障性住区有 256 个就业样本。

（1）城中村居民的职住空间特征分析

如图 5.2 所示，本研究将通勤距离分为 5 个等级，通勤时间指标分为 4 个等级，将通勤方式分为步行 / 自行车、公交车、电动 / 摩托车和私家车 4 类。

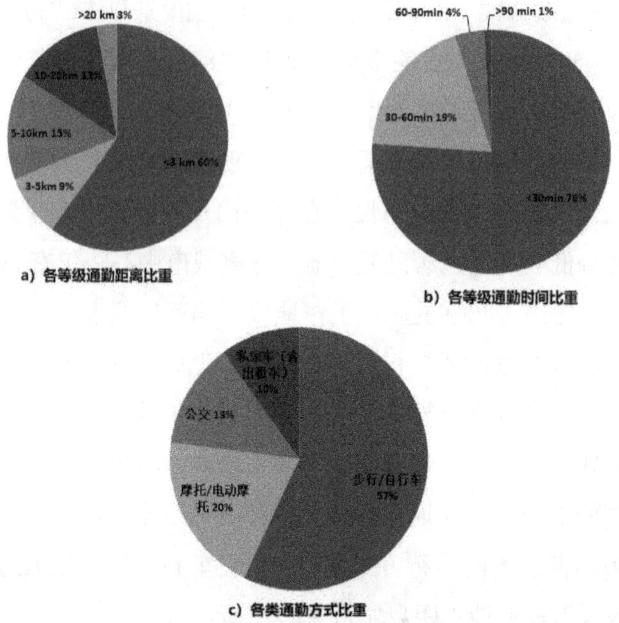

图 5.2　城中村居民各等级通勤指标所占比重

如表 5.2、图 5.2 所示，城中村居民通勤距离较短，呈现出较为明显的就近就业、职住空间平衡的特征。首先，从空间距离来看，城中村居民通勤距离平均值为 4.41km，中位值为 1.50 km，远低于昆明市居民 6.15 km 的平均水平。其中 60% 的调查样本通勤距离在 3 km 内，累计 70% 的调查样本通勤距离在 5 km 内，仅有 15% 的调查样本居住地与工作地的距离超过 10 km。

其次，从时间距离来看，居民通勤时间平均值为 18.68 min，中位值为 10 min，远低于昆明市市民 30.6 min 的平均水平。其中通勤时间少于 30 min 的居民占比为 76%，60 min 内的居民占比为 95%，仅有 5% 的居民的通勤时间超过 1 h。

最后，从通勤方式来看，57% 的城中村居民采用无成本或低成本的步行 / 自行车的通勤方式，20% 的居民通勤方式为一定成本的电动 / 摩托车和公交车，仅有 10% 的居民采用成本高的私家车作为通勤方式。

如表 5.3 所示，虽然城中村居民就业空间总体特征为明显的就近性，但由于 5 个典型城中村的区位条件具有一定差异，其居民居住与就业空间关系也存在一定差异。本研究将各城中村居民的居住地与就业地进行连线，反映不同区位条件城中村居民职住空间关系的差异性。

表 5.3　城中村居民通勤指标构成比重表

		城中村全部样本	上马新村	金刀营	西站黄土坡	东郊黄土坡	子君村
通勤距离（%）	CD<3 km	60.38	56.1	65.75	65.85	50	60.61
	3 km ≤ CD<5 km	9.43	12.2	9.59	2.44	13.64	9.09
	5 km ≤ CD<10 km	14.72	26.83	10.96	17.07	11.36	12.12
	10 km ≤ CD<20 km	12.45	2.44	9.59	14.63	20.45	15.15
	CD>20 km	3.02	2.44	4.11	0	4.55	3.03
	平均值（km）	4.41	3.93	4.2	3.81	6.19	4.14
	中位值（km）	1.5	2	1.4	1	3.05	1.05
通勤时间（%）	CT<30 min	76.23	70.73	73.97	82.93	72.73	80.3
	30 min ≤ CT<60 min	19.25	19.51	20.55	17.07	22.73	16.67
	60 min ≤ CT<90 min	4.15	9.76	5.48	0	4.55	1.52
	CT > 90 min	0.38	0	0	0	0	1.52
	平均值	18.68	21.56	19.7	14.07	21.2	16.98
	中位值	10	15	10	8	16.5	8.5
通勤方式	步行 / 自行车	57.36	58.54	60.27	60.98	50	56.06
	摩托 / 电动摩托车	20	9.76	17.81	21.95	31.82	19.7
	公交车	12.83	19.51	16.44	7.32	6.82	12.12
	私家车	9.81	12.2	5.48	9.76	11.36	12.12
工作地区位	二环内	17.36	26.83	17.81	26.83	15.91	6.06
	二环与三环之间	41.89	58.54	64.38	73.17	6.82	10.61
	三环外	40.75	14.63	17.81	0	77.27	83.33

如表 5.3 所示，首先，从居住地与就业地的空间关系来看，距离市中心较近、周边商业繁荣程度较高的金刀营和西站黄土坡居民职住平衡、就近就业（通勤距离 <3 km）的比重相对较高；远离城市中心的东郊黄土坡和子君村居民职住分离、长距离通勤（通勤距离 >10 km）的比重较高；而距离城市中心较近，但交通不便的上马村居民也表现出了一定的职住空间分离的趋势，居民中长距离通勤（5 km ～ 10 km）的比重较高。

其次，从就业地点的空间位置来看，距市中心较近的上马新村、金刀营和西站黄土坡居民的就业没有表现出明显的“向心性”特征，而距市中心较远的东郊黄土坡和子君村居民的就业表现出了明显的“向心性”特征。这表明距离市中心较近的城中村具有一定的区位优势，其居民就业的空间选择范围较广。

（2）保障性住区居民的职住空间特征分析

① 保障性住区居民职住空间关系的总体特征分析

本研究利用通勤距离、通勤时间、通勤方式和工作地 4 个指标分析保障性住区居民的职住空间关系特征（如图 5.3 所示）。此外，本研究还将各保障性住区居民的居住地与就业地进行连线，反映不同区位条件的保障性住区居民职住空间关系的差异性。

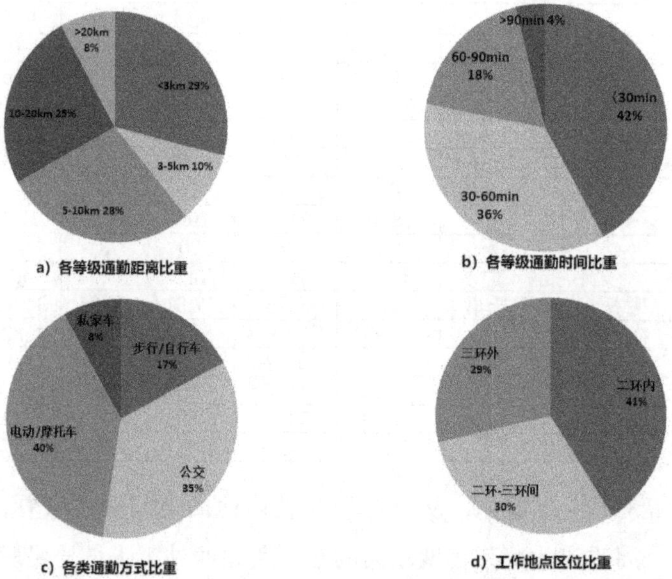

图 5.3　保障性住区居民通勤指标构成比重

如图 5.3 所示，保障性住区居民主要在二环内的中心城区和距离中心城区较近的二环与三环之间就业，但住区大多位于城市边缘地区，因此保障性住区居民以中长及长距离通勤为主，呈现出明显的职住空间分离的特征。

具体来看：第一，从居住地与就业地之间的空间距离来看，保障性住区居民通勤距离均值为 8.03 km，远高于同期昆明市居民次均出行距离 6.15 km 的水平，28% 的居民通勤距离为 5km ～ 10 km，33% 的居民通勤距离超过 10 km，仅有 39% 的居民通勤距离在 5 km 之内。

第二，从通勤时间上看，居民通勤时间均值为 37.33 min，超过了同期昆明居民 30.6 min 的平均出行时间。具体来看：36% 的居民通勤时间为

30min ～ 60 min，22% 的居民通勤时间超过了 60 min，仅有 42% 的居民通勤时间在 30 min 之内。

第三，从通勤方式来看，由于通勤距离较长且受到收入水平的限制，大部分居民的通勤方式为成本相对较低的摩托 / 电动摩托车和公交车，其构成比重分别为 29% 和 34%，远远超过了 20% 和 22% 的昆明市平均水平。通勤费用较高的私家车比重仅为 10%，远低于 22% 的昆明市平均水平。部分近距离就业居民的主要通勤方式为步行 / 自行车，其构成比重为 26%，低于 33% 的昆明市平均水平。

第四，从就业地点与城市中心的关系来看，如图 5.5 所示，三类保障性住区居民就业均表现出了较为明显的“向心性”特征。

由以上分析可见，与昆明市一般居民相比，保障房住区居民主要以中长和长距离就业为主，通勤距离和通勤时间远高于昆明市一般居民水平，呈现出较为明显的居住 – 就业空间分离的特征，其通勤方式主要以费用较低的摩托车和公交车为主。

② 不同类型保障性住区居民的职住空间关系分析

由于廉租、公租和经适住区在居民构成、区位条件和交通可达性等方面存在差异，导致不同类型保障性住区居民职住空间关系也存在一定差异（如表 5.4 所示）。

表 5.4　保障性住区居民通勤指标构成比重表

项目 \ 类别		保障性住区全部样本	廉租房	公租房	经适房
通勤距离（%）	CD<3 km	28.99	37.5	17.65	30.77
	3 km ≤ CD<5 km	10.14	14.06	11.11	0
	5 km ≤ CD<10 km	27.54	31.25	34.64	5.13
	10 km ≤ CD<20 km	25	17.19	29.41	33.33
	CD>20 km	8.33	0	7.19	30.77
	平均值（km）	8.03	4.97	8.23	13.44
	中位值（km）	6.2	4.3	7.6	16.3
通勤时间（%）	CT<30 min	42.39	67.19	26.8	35.9
	30 min ≤ CT<60 min	35.51	20.31	52.29	10.26
	60 min ≤ CT<90 min	18.12	12.5	16.99	41.03
	CT>90 min	3.99	0	3.92	12.82
	平均值	37.33	27.09	41.12	52.54
	中位值	30	22.5	35	60

续表

项目 \ 类别		保障性住区全部样本	廉租房	公租房	经适房
通勤方式	步行 / 自行车	26.45	32.81	15.69	25.64
	摩托 / 电动摩托车	28.99	18.75	35.29	30.77
	公交车	34.42	43.75	35.95	30.77
	私家车	10.14	4.69	13.07	12.82
工作地区位	二环内	40.22	45.31	45.1	33.33
	二环与三环之间	20.65	32.81	18.95	17.95
	三环外	39.13	21.88	35.95	48.72

第一，从通勤距离角度来看，廉租住区由于建成历史较长，距离城市就业中心相对较近，居民就业岗位主要以零工为主，通勤距离相对较短，平均通勤距离为 4.97 km，52% 的居民通勤距离在 5 km 之内。公租和经适住区的空间选址大都远离城市中心区，其居民的就业地点大多位于城市中心区（64% 的公租居民和 51% 的经适居民就业地点在城市三环之内），造成了公租和经适住区居民以长距离通勤为主，其平均通勤距离分别为 8.23km 和 13.44 km，仅有 29% 和 31% 的居民通勤距离在 5 km 之内。

第二，从通勤时间来看，廉租住区居民通勤距离相对较短，其平均通勤时间仅为 27.09 min，67% 的居民通勤时间在 30 min 之内；而公租和经适住区居民主要以中长及长距离就业为主，其平均通勤时间达到 41.12 min 和 52.54 min，仅有 27% 和 36% 的居民通勤时间在 30 min 之内。

第三，从通勤方式来看，廉租住区居民由于通勤距离相对较短，其主要的通勤方式为步行 / 自行车和公交车。公租住区和经适住区居民由于通勤距离长，其主要的通勤方式为摩托 / 电动摩托车和公交车，且有 13% 左右的居民采用私家车作为通勤方式。

由以上分析可见，廉租住区居民呈现出一定的职住空间平衡特征。这主要是由于廉租住区居民年龄大（平均年龄为 46 岁）、受教育水平低（初中及以下人口比重高达 58%，大学人口仅占 3%），并且受到体力和技能水平的限制，其居民的就业率和收入水平非常低，很难承担长距离通勤的经济和时间成本，大部分居民只能被动接受住区周边低收入、流动性大的零工等就业岗位。而公租住区和经适住区居民呈现出较为明显的职住空间分离的特征，其居民就业地点大部分位于城市中心及周边地区，其通勤距离和通勤时间均较长。

（3）不同类型住区低收入人群的职住空间关系对比分析

由以上分析可见，不同类型住区低收入人群的通勤行为和职住空间关系表现出明显的差异性：城中村居民大部分在住区周边就近就业，呈现出明显的短距离通勤和职住空间平衡的特征。公租住区和经适住区居民大多在远离住区的城市中心就业，表现出明显的长距离通勤和职住空间分离的特征，廉租住区居民呈现出了一定职住空间平衡的特征。

除此之外，工厂家属区居民大部分通勤距离较短，呈现出较为明显的近距离就业的特征，职住空间较为平衡：85% 的工厂家属区居民的通勤距离小于 3 km，其平均通勤距离仅为 1.24 km，远低于昆明市居民平均水平。95% 的工厂家属区居民的通勤时间在 30 min 之内，其通勤方式也以非机动性的步行 / 自行车为主。

由以上分析可见，不同类型住区低收入人群的通勤行为特征和职住空间关系表现出明显的差异性。正是由于不同类型住区低收入人群之间职住空间关系具有明显的差异性，掩盖了低收入人群与一般市民职住空间关系的差异性。

5.2.3 不同类型就业岗位低收入人群职住空间关系特征分析

低收入人群主要就业岗位有零工（占比为 32%）、商贩（占比为 26%）、职员（占比为 24%）、工人（占比为 13%），也有少量的公务员（含事业单位和教师）和房东，其占比仅为 3% 和 2%。不同就业岗位的工资水平存在一定差异，其中商贩的工资水平最高，平均工资接近 3100 元，职员、工人、公务员和房东的收入水平在 2700 元～ 2900 元之间，零工的工资水平最低，其平均工资仅为 2144 元。收入水平对居住和就业地点的区位选择具有重要影响，加之不同类型就业岗位在城市中的空间分布也有一定差异，因此，不同类型就业岗位的低收入人群，其通勤行为和居住 – 就业空间关系也表现出明显差异（如图 5.4 所示）。

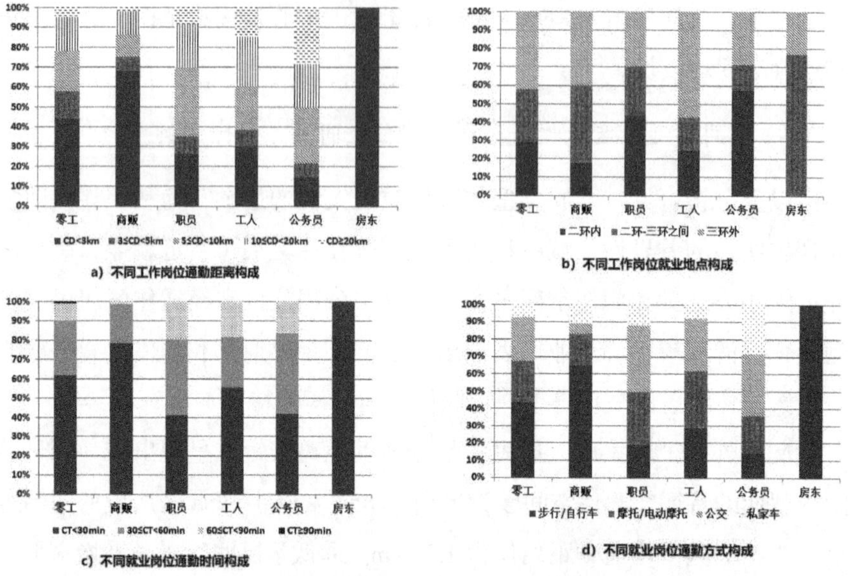

图 5.4　不同就业岗位低收入人群通勤指标构成

首先，房东和商贩表现出了明显的短距离通勤和就近就业的特征。房东一般在住区内部进行房屋租赁。绝大部分商贩属于经营小本生意的自营职业者，还包括一部分从事非正式经济（即无工商执照和正式摊位），主要在住区周边进行经营。大部分房东和商贩的通勤距离和通勤时间在 1 km 和 30 min 之内，通勤方式以步行 / 自行车为主。

职员和公务员则表现出了明显的长距离通勤和职住空间分离特征。这主要是由于这两类就业岗位主要分布在城市中心地区，而低收入住区大多较为偏远，因此造成了这两种就业岗位的职住空间明显分离。具体来看，31% 的职员和 50% 的公务员通勤距离超过 10 km，60% 的职员和 65% 的公务员通勤时间超过 30 min，其中有 22% 的职员和 29% 的公务员通勤时间超过 60 min。由于通勤距离较长，这两种就业岗位的主要通勤方式为公交车和摩托车，采用私家车的比重也明显高于其他类型就业岗位。

零工和工人表现出了短距离和长距离通勤并存、职住空间平衡和分离并存的特征。由于人口密度较高、低级服务业繁荣程度较高等因素的影响，低收入住区周边提供了一定数量的工人与零工岗位，有 30% 的工人和 44% 的零工通勤距离小于 3 km，61% 的零工和 49% 的工人通勤时间在 30 min 之内，这部分人群呈现出短距离通勤、就近就业、职住空间平衡的特征。同时由于昆明市为典型的单中心城市，有大量服务密集型和劳动密集型的零工和工人岗位分布在城市中心地区。有 62% 的工人和 42% 的零工通勤距离超过 5 km，10% 的零工和 27% 的工人通勤时间超过 60 min。这部分人群呈现出长距离通勤、职住空间明显分离的特征。短距离通勤的零工和工人主要的通勤方式为步行 / 自行车，长距离通勤则采用公交车和摩托车。

由以上分析可见，不同类型就业岗位的城市低收入人群，其职住空间关系也表现出较为明显的差异性：房东和商贩主要在住区周边就业，表现出明显的短距离通勤和职住空间平衡的特征；职员和公务员由于就业岗位集中在城市中心，表现出明显的长距离通勤和职住空间分离的特征；零工和工人在住区周边和城市中心都能够就业，因此表现出了长短距离通勤并存、职住空间平衡和分离并存的特征。

5.3 低收入人群职住空间关系的影响因素分析

居民在进行居住与就业的区位选择时会在住房成本和通勤成本之间进行权衡，实现效用的最大化。一般而言，受教育水平高、收入水平较高的人群能够采用私家车等交通方式来克服长距离就业所带来的通勤成本，可以选择居住环境和条件优越、距工作地点较远的居住区。教育水平低、低收入的人群由于受到收入水平限制，无法克服长距离通勤的时空成本，一般会选择在居住地周边就业。

本研究利用构建影响通勤距离的回归方程，定量揭示低收入人群职住空间关系的影响因素。为了解决多重共线性问题，在回归分析之前，本研究将各因变量和控制变量进行了相关分析，结果发现这些变量之间具有一定的相关性，但相关性不强。这表明变量表达的信息并没有完全重叠，可以进行回归分析。研究利用 R 软件对低收入人群通勤距离的影响因素进行了 OLS 回归分析，分析结果如表 5.5 所示。

表 5.5　低收入人群通勤距离影响因素回归结果

项目＼类别	估计值	标准差	T 值	p 值
截距	4.7870	4.3293	1.1060	0.2694
收入	−0.9623	0.5154	−1.8670	0.0625.
受教育水平	0.1288	0.0776	1.6610	0.0973.
职业（以零工为参考）				
工人	1.5425	0.7749	1.9910	0.047*
公务员	3.3733	1.5621	2.1590	0.0313*
职员	−0.0038	0.7383	−0.0050	0.9959
商贩	−0.6413	0.6557	−0.9780	0.3284
房东	0.5960	1.6923	0.3520	0.7248
居民及其家庭其他属性特征				
性别	0.3725	0.4758	0.7830	0.4341
年龄	0.0297	0.0237	1.2530	0.2107
户籍	−0.0542	0.5942	−0.0910	0.9273
家庭规模	0.4251	0.2025	2.0990	0.0363*
劳动力数量	−0.5595	0.3110	−1.7990	0.0726.
产权	1.4489	1.0000	1.4490	0.1480
低收入住区类型（以城中村为参考）及区位条件				
公租住区	0.4654	0.7177	0.6480	0.5170
廉租住区	−1.0155	1.1357	−0.8940	0.3717
经济适用住区	6.3373	1.2417	5.1040	4.68E−07***
工厂家属区	−0.5152	1.5755	−0.3270	0.7438
公交站点时间	−0.0229	0.0535	−0.4280	0.6692
通勤方式（以步行 / 自行车为参考）				
摩托车	7.3666	0.6403	11.5040	< 2e−16***
公交车	8.1184	0.6785	11.9650	< 2e−16***
私家车	10.6635	0.8670	12.3000	< 2e−16***

注：*** 表示在 0−0.001 之间非常显著，** 表示在 0.001−0.01 之间比较显著，* 表示在 0.01−0.05 之间比较显著，. 表示在 0.05−0.1 之间显著；R^2 为 0.4774，调整后 R^2 为 0.4562。

（1）收入、教育和职业类型的影响

第一，收入水平会对低收入人群的职住空间关系产生一定影响。一般而言，收入水平越高，选择居住环境和条件优越但通勤距离较长的可能性越大。如表 5.5 所示，低收入人群的收入对其通勤距离产生了一定影响，但表现为收入水平越低，其通勤距离越长，职住空间分离越明显。这是由于低收入人群主要的就业岗位（如零工、商贩、职员）属于城市二级劳动力市场，不会为就业者由于职住空间分离产生的长距离通勤提供额外补偿性工资，低收入人群主观上一般会选择在住区周边就业。但低收入住区周边能够提供的就业岗位十分有限，大部分就业岗位集中在城市中心区，因此大部分低收入人群只能被动地接受收入水平较低，且远离居住地的就业岗位。

第二，教育水平对低收入人群职住空间关系产生了一定影响。一般而言，教育水平较高，通勤距离越长，职住空间分离越明显。然而低收入人群普遍受教育水平较低，62% 的低收入住区居民受教育水平仅达到初中水平，受高等教育居民仅占 10%，教育水平与收入的相关性仅为 0.27。这表明受教育水平对低收入人群收入水平的促进作用不明显，对其通勤和职住空间关系产生的影响也不十分显著。

第三，从就业岗位类型来看，与零工相比，公务员、工人岗位低收入人群的通勤距离明显较长，职住空间分离的特征也较为明显。这是由于这两类就业岗位，特别是公务员岗位大多集中在城市中心区（57% 的公务员工作地点位于二环内），造成了这类岗位的长距离通勤。

（2）其他属性因素影响

如表 5.5 所示，由于研究选择的是能够提供通勤数据的就业样本进行分析，这些样本的性别差异较小（男性占 52%），以青壮年为主（30 ～ 50 岁人口占 61%），户籍类型差异较小（本地户籍人口占 53%），住房产权以租房为主（租住占 77%），因此，性别、年龄、户籍和住房产权类型没有对低收入人群的通勤距离和职住空间关系产生明显影响。

但家庭规模对低收入人群的职住空间关系产生了较为显著的影响，具体表现为家庭规模越大、被抚养人口越多、生活压力越大，接受职住空间分离和长距离通勤的可能性越大。同时家庭劳动力数量也对低收入人群职住空间关系产生了一定影响，即劳动力数量越多、生活压力越小，接受职住空间分离和长距离通勤的可能性越小。

（3）低收入住区类型及区位条件影响

如表 5.5 所示，以城中村为参照，经适住区居民通勤距离较长，职住空间分离特征十分显著；公租住区居民也表现出长距离通勤和职住空间分离的特征，但不显著；廉租住区和工厂家属区居民则表现出了短距离通勤和职住空间平衡的特征，但不显著。

分析其原因发现，城中村、廉租住区和工厂家属区居民的主要就业岗位为零工、商贩和房东，住区周边提供了一定数量的就业岗位，居民以就近就业为主。而经适住区和公租住区居民主要就业岗位类型为职员、工人，公务员（含教师）岗位也有一定比例，而这三类就业岗位主要集中在城市中心，因此这两类住区居民表现出职住空间分离和长距离通勤的特征。

经适房与公租房相比，经适房是以低于市场的价格向符合条件的低收入人群出售，即经适房居民既不能选择居住地区位，也很难选择工作地区位，只能被动地接受职住空间分离和长距离通勤，因此该类住区居民表现出明显的长距离通勤和职住空间分离特征。公租房是以低于市场价格的租金向符合条件的中低收入人群出租（昆明市公租房租金一般为同地段市场租金的 70%），租住居民选择居住区位的能动性要高于自有住房居民，因此公租房居民虽然也表现出了长距离通勤和职住空间分离的特征，但影响不显著。

（4）通勤方式影响分析

如表 5.5 所示，与步行 / 自行车这种非机动方式相比，采用摩托车、公交和私家车的城市低收入人群通勤距离较长，职住空间分离特征明显。虽然私家车和城市公共交通能够较好地帮助低收入人群拓展就业空间，但受到经济因素的限制，仅有 10% 的低收入人群能够采用私家车作为通勤方式。同时，大部分低收入住区周边的交通可达性差，仅有 24% 的低收入人群采用城市公共交通作为通勤方式。这两种情况在一定程度上限制了低收入人群就业的空间范围。

如上文所述，本章针对城市低收入这一弱势群体，利用定量的通勤指标揭示其职住空间关系特征及影响因素，研究发现：

第一，虽然低收入人群职住空间关系的总体特征与一般市民的差异性不大，但不同类型住区低收入人群，其职住空间特征表现出明显的差异性：城中村和工厂家属区居民以短距离通勤为主，表现出较为明显的职住空间平衡的特征。保障性住区居民的中长、长距离通勤的比重较高，表现出了职住空间分离的特征。正是由于不同类型住区低收入人群之间职住空间关系具有明显差异，掩盖了低收入人群与一般市民职住空间关系的差异性。

第二，不同类型就业岗位低收入人群，其职住空间特征也具有差异性：房东、商贩这两类低技能岗位表现出明显职住空间平衡的特征；职员和公务员这两类相对技能较高岗位表现出明显的职住空间分离的特征；零工和工人表现出了长短距离通勤并存、职住空间平衡和分离并存的特征。

第三，私家车、公交车、摩托车等通勤方式可以帮助低收入人群克服职住空间分离带来的就业空间障碍。但由于受到收入水平限制，低收入人群能够采用私家车的比重低。同时由于低收入住区的公交车可达性较差，城市公共交通能够提供的帮助有限。加之近年来大部分城市政府出于社会治安、交通安全等方面的考虑，加大了对摩托车的管控，低收入人群很难凭借自身能力克服职住空间分离和长距离通勤所带来的时空成本。

第四，与一般情况不同的是，收入水平越低的低收入人群，其通勤距离越长、职住空间分离越明显；受教育水平对低收入人群的通勤行为和职住空间关系影响不显著。

第6章　昆明市低收入人群职住空间关系的经济效应分析

根据“空间失配”假说（Spatial Mismatch Hypothesis），远离就业中心导致居住－就业地点之间的空间不匹配，会对低收入人群的就业和收入产生消极影响。本研究通过构建包含空间虚拟变量的收入回归方程，定量揭示低收入人群职住空间关系对其收入产生的影响。本章旨在研究以下两个问题：第一，低收入人群的职住空间关系对其收入产生何种影响；第二，不同类型低收入住区，其居民的职住空间关系经济效应是否存在差异。

6.1　数据收集与分析方法

6.1.1　数据收集

（1）职住空间关系经济效应回归方程的数据收集

本研究通过建立收入回归方程，定量揭示职住空间关系对低收入人群收入的影响。13个典型低收入住区居民调查问卷包括居民及其家庭收入水平、社会经济属性特征、各类通勤指标、居住地与就业地区位条件等内容，能够满足收入回归方程构建需求。在805个调查样本中，264个样本失业或退休，不存在职住空间关系；其他541个样本具有就业岗位或暂时失业，能够提供收入及职住空间关系数据，因此本章采用这 541 个就业样本进行收入回归分析。

（2）低收入住区外部效应的数据收集

外部效应又称外部性或外部经济，从经济学的角度来看，外部效应是指经济当事人（生产者和消费者）的生产和消费行为会对其他经济当事人（生产者和消费者）的生产和消费行为施加的有益或有害影响的效应。20 世纪 60 年代以来大量欧美城市的实证研究发现，城市社会阶层分异加剧使得低收入人群聚居性（Poverty Concentrated）增加，在城市特定区域形成了贫困邻里。这些贫困邻里大多具有建筑环境与建筑质量较差、犯罪率较高等劣势特征，对周边房地产价值会产生消极外部效应[155–159]。研究通过构建包含低收入住区这一空间虚拟变量的特征价格方程，定量揭示昆明市主城区低收入聚居区是否会产生消极外部效应。

特征价格方程中的房租、住房属性、区位及邻里特征数据采用的是第 3 章昆明市主城区居住空间分异所查询的 343 个小区房租数据和住房属性数据（具体数据来源与调查方法详见第 3 章）。

特征价格方程中的低收入住区确定方法如下：城中村是通过昆明市主城区城中村改建名单来确定的，保障性住区是通过昆明市住房保障局官方网站上公布的昆明市主城四区保障性住房名单确定的，老旧小区和工厂家属区选取的是昆明市主城区内 1998 年住房改革以前建设的住区。确定这 4 类低收入住区名单后，本研究查询了其经纬度坐标，并利用 ArcGIS 软件进行了空间定位（经纬度坐标查询及空间定位方法详见第 3 章）。

6.1.2 分析方法

（1）职住空间关系经济效应回归方程的构建

个人收入的影响因素较多，包括性别、年龄、受教育水平、职业等因素。本研究在收入回归方程中增加了两类表征低收入人群职住空间关系的变量。

第一类为低收入住区类型及区位条件变量。以二环与三环之间为参考，构建区位虚拟变量；利用到达最近公交站点的时间来代表交通便利程度。第二类为低收入人群职住空间关系变量，包括通勤距离、通勤方式和工作地点区位指标。由于通勤距离和通勤时间具有较强的相关性，仅选取通勤距离指标代表低收入人群的通勤时空距离。这类变量用来反映居住－就业空间匹配性对低收入人群收入产生的影响。研究构建的收入影响函数如以下公式所示：

$$\ln(\mathrm{IC})=\mathrm{F}(x_1, x_2, x_3, x_4, x_5, x_6) \tag{6.1}$$

其中，IC 表示低收入人群的个人收入；x_1 表示低收入人群属性特征，包括性别（女 = 0，男 = 1）、年龄、户籍（本地户籍 = 0，外地户籍 = 1）、家庭规模、劳动力数量、住房产权类型（自有 = 0，租住 = 1）等变量；x_2 表示受教育水平（按上学年数进行折算，其中文盲半文盲 = 0，小学 = 6，初中 = 9，高中 = 12，高中以上 = 15）；x_3 表示表职业类型（以零工为参考值构建职业虚拟变量）；x_4 表示住区类型及区位条件，包括以城中村为参考构建的类型变量和到达最近公交站点所需时间变量；x_5 表示居住－就业地点空间匹配程度变量，包括通勤距离和通勤方式；x_6 表示工作地点（以二环—三环为参考）。研究利用 R 软件对低收入人群收入水平的各影响因素进行了 OLS 回归分析。

（2）低收入住区外部效应分析方法

由于住宅的异质性和不可移动性的存在，使得每套住宅具有各自独有的特征，这些特征是住宅固有的、内在的客观特征，而非主观评价。特征价格模型从住宅的异质性出发，把住宅价格分解为不同住宅特征的特征价格，并通过房地产市场交易数据估计出住宅特征的隐含价格，进而分析各属性特征对住宅价格的影响。

住宅的特征因素主要分为建筑特征、区位特征和邻里特征三大类。具体来看：住宅的建筑特征是指住宅自身所具有的特征，通常包括住宅的建筑面积、楼龄、楼层、朝向等。住宅的区位特征表现了住宅的空间固定性，即不可移动性，其结果是住房市场的地区性市场属性，具体表现在到重要地点的距离，如到中央商务区（CBD）的距离，以及交通可达性方面。住宅的邻里特征具体表现为周边学校条件、医疗水平和环境质量等方面。特征价格方程的具体公式如下：

$$P=f(S, L, N) \tag{6.2}$$

其中，P 是住宅价格，S 是住宅的建筑特征，L 是住宅的区位特征，N 是住宅的邻里特征。用各属性特征对住宅价格求偏导数就可以得到住宅商品的建筑、区位和邻里各属性特征的特征价格。

本研究利用特征价格方程，将住宅的租金作为因变量，住宅的建筑特征、区位特征和邻里特征作为自变量建立特征价格方程，将低收入住区作为一个邻里特征加入方程中，从而揭示低收入住区是否对周边房地产价值产生影响、产生何种影响，即低收入住区是否会产生外部效应。

6.2　低收入人群职住空间关系的经济效应分析

本研究首先将调查问卷中的全体就业样本进行了收入影响因素 OLS 回归分析，分析结果如表 6.1 所示。

表 6.1　低收入人群收入影响因素方程回归结果

项目 \ 类别	估计值	T 值	显著性水平（P）
截距	7.7854	44.739	< 2e−16***
性别	0.0471	1.164	0.2448***
年龄	−0.0056	−2.806	0.0052**
户籍	0.0091	0.181	0.8565
家庭人口规模	0.046	2.663	0.008**
家庭劳动力数量	−0.0527	−1.995	0.0466*
住房产权	0.0798	0.942	0.3465
教育水平	0.0301	4.674	0***
职业（以零工为参考）			
工人	0.1362	2.078	0.0382*
公务员	0.2152	1.629	0.1039
职员	0.0789	1.258	0.2089
商贩	0.2086	3.82	0.0002***
房东	0.4559	3.211	0.0014**

续表

类别 项目	估计值	*T* 值	显著性水平（*P*）
公交站点所需时间	−0.0086	−1.898	0.0583.
住区区位（以二环内为参考）			
二环与三环之间	−0.1642	−2.035	0.0423*
三环外	−0.2736	−3.054	0.0024**
住区类型（以城中村为参考）			
廉租	−0.3754	−3.948	0.0001***
公租	−0.0719	−1.156	0.2482
经适	−0.2262	−2.061	0.0398*
工厂家属区	−0.1351	−1.062	0.2887
通勤距离（以 <3 km 为参考）			
3 ～ 5 km	−0.2366	−2.923	0.0036**
5 ～ 10 km	−0.131	−1.659	0.0978.
10 ～ 20 km	−0.1312	−1.556	0.1204
>20 km	−0.2773	−2.514	0.0123*
通勤模式（以步行 / 自行车为参考）			
摩托 / 电动摩托车	0.2381	3.203	0.0015**
公交车	0.21	2.637	0.0086**
私家车	0.4795	5.296	0***
工作地区位（以二环内为参考）			
二环与三环之间	−0.1251	−2.03	0.0429*
三环外	0.0525	0.819	0.4129

注：*** 表示在 0−0.001 之间非常显著，** 表示在 0.001−0.01 之间比较显著，* 表示在 0.01−0.05 之间比较显著，. 表示在 0.05−0.1 之间显著；R^2 为 0.3528，调整后 R^2 为 0.3174。

（1）属性特征影响

如表 6.1 所示，在属性特征中，受教育水平和性别对低收入人群的收入水平产生了显著影响，其次为年龄和家庭规模，家庭劳动力数量也有一定程度影响，住房产权和户籍类型影响不显著。具体来看：

第一，一般来讲，受教育水平越高，其收入水平越高。但由于低收入人群普遍受教育水平较低，教育对其收入水平产生积极影响的系数较小。第二，低收入人群主要从事劳动密集型工作，其收入水平受到性别和年龄的限制，即女性或年龄越大，收入水平越低。第三，低收入人群的家庭规模越大，需要承担的家庭负担越重，愿意接受劳动强度较大但收入较高的就业岗位。第四，低收入人群家庭劳动力数量越多，分担生活压力的人越多，越倾向于从事较为轻松的低收入工作。第五，由于绝大多数低收入住区住房产权类型为租住，产权类型差异较小；户籍类型较为均衡（本地户籍占 51%），因此产权类型和户籍类型未对低收入人群收入产生明显影响。

除此之外，职业类型对低收入人群收入产生了一定影响，以零工为参考的 5 类职业系数均为正，这表明这 5 种职业收入水平均高于零工。值得注意的是，虽然房东、公务员和商贩岗位对收入水平积极影响的系数较大，但低收入人群中房东和公务员岗位就业人数非常少，而商贩中有相当一部分从事非正式经济（即无工商执照和正式摊位），就业岗位不稳定，收入的波动性较大。

（2）住区类型和条件影响

首先，住区类型对低收入人群收入产生了一定影响，三类保障性住区和工厂家属区居民收入水平均低于城中村，其中廉租房的消极影响最为显著。这主要是由于不同类型住区居住的主体人群不同：城中村中大部分居民为没有城市户籍的外来务工人员，较少享有市民权利，愿意接受劳动强度较大的就业岗位，因此收入水平相对较高；保障性住区和工厂家属区居民主要是有城市户籍的低收入人群，享有最低生活保障、退休金等多种福利，且受到年龄和技术水平的限制，只能从事低技能、劳动强度较低的服务性岗位，收入水平较低。其次，低收入住区的区位条件对其收入水平产生了较为显著的影响，即距离城市中心和公交站点越远，收入水平越低。

（3）职住空间关系影响

第一，通勤距离对收入产生了较为显著的影响：以 3 km 以内为参考的其他 4 个距离变量的系数为负，这表明职住空间分离越明显、通勤距离越长，低收入人群的收入水平越低。

第二，三种机动性通勤方式对低收入人群的收入水平都产生了显著的积极影响，其中私家车的积极作用程度最大。这一方面是由于能够利用私家车的低收入人群本身收入水平相对较高，另一方面也表明私家车能够较好地克服长距离通勤所造成的时空成本，使低收入人群的就业空间范围更广，便于寻求收入更高的工作岗位。摩托车和公交车也对收入水平产生了较为显著的积极影响，但由于低收入住区的公共交通可达性较差，城市公共交通起到的积极作用相对较小。

第三，工作地区位对低收入人群的收入水平影响不显著。这是由于低收入人群就业岗位大部分属于城市劳动力二级市场，不会对其长距离通勤提供补偿性工资。

由第 5 章分析可见，城市低收入人群职住空间关系的总体特征与一般市民的差异性不大。但以上回归结果表明，职住空间分离所带来的长距离通勤已经成为低收入人群就业的空间障碍，对其收入产生了较为明显的消极影响。虽然私家车和城市公交体系能够较好地克服长距离通勤的时空障碍，但能够利用私家车的低收入人群非常少，且低收入住区分布较为偏远，公共交通不便，因此大部分低收入人群难以依靠自身能力克服职住空间失配对其收入产生的消极影响。

6.3 不同类型低收入住区职住空间关系的经济效应分析

由第 5 章分析可见，不同类型的低收入住区，其居民的职住空间关系表现出明显的差异性，因此不同类型住区的职住空间关系所产生的经济效应也存在一定的差异。以下内容对样本数较多的城中村和保障性住区居民分别进行了包含空间虚拟变量的收入回归，分析不同类型住区的低收入人群职住空间关系经济效应的差异性。

6.3.1 城中村职住空间关系的经济效应分析

本研究采用 265 份城中村就业样本的调查问卷数据，通过构建收入回归方程，定量分析城中村居民职住空间关系所产生的经济效应，结果如表 6.2 所示。

表 6.2 城中村居民收入影响因素回归方程结果

项目 \ 类别	估计值	标准差	T 值	显著性水平（P）
截距 (Intercept)	7.587	0.354	21.432	< 2e-16***
性别	0.1326	0.0667	1.988	0.0488*
年龄	–0.0061	0.0033	–1.839	0.0681.
户籍	–0.099	0.0766	–1.293	0.1982
家庭规模	0.0659	0.0219	3.007	0.0031**
受教育水平	0.023	0.0098	2.352	0.0201*
职业（以工人为参考）				
公务员	–0.1322	0.2222	–0.595	0.553
职员	–0.2	0.1238	–1.615	0.1085
小贩	–0.0363	0.0979	–0.371	0.7115
零工	–0.2793	0.099	–2.821	0.0055**
房东	0.0597	0.1726	0.346	0.7302
城中村区位（以上马新村为参考）				
金刀营	0.0933	0.1787	0.522	0.6024
西郊黄土坡	0.0922	0.1782	0.502	0.6231
东郊黄土坡	0.1725	0.1673	1.031	0.3042
子君村	0.0963	0.2004	0.481	0.6316
到最近公交站点时间	0.0046	0.0119	0.383	0.7021
通勤距离（以< 3 km 为参考）				
5 km> $CD \geqslant$ 3 km	0.1141	0.09	1.267	0.2072
10 km> $CD \geqslant$ 5 km	0.1274	0.0981	1.298	0.1963
$CD >$ 10 km	0.2228	0.0938	2.376	0.0189*
工作地（以二环以内为参考）				
二环与三环之间	–0.075	0.163	–0.46	0.6463
三环以外	–0.0541	0.1683	–0.321	0.7484

注：*** 表示在 0–0.001 之间非常显著，** 表示在 0.001–0.01 之间比较显著，* 表示在 0.01–0.05 之间比较显著，. 表示在 0.05–0.1 之间显著；R^2 为 0.3474，调整后 R^2 为 0.2575。

（1）属性特征影响

如表 6.2 所示，第一，对收入影响最为显著的变量为家庭规模变量。首先，家庭规模越大，需要承担的家庭负担越重，居民越倾向于从事收入较高、较为繁重的职业；其次为性别，男性收入要高于女性；再次为年龄，城中村居民从事职业多为劳动密集型岗位，存在年龄和体力的限制，因此年龄越大，收入水平也越降低。

第二，受教育水平对于城中村居民收入影响较为显著，受教育水平越高，居民从事职业的技术含量越高，收入也越高。

第三，除零工外，其他职业类型对城中村居民收入水平的影响不显著。这主要是由于零工岗位不仅收入较低，且不稳定，因此这种职业类型对于居民收入的消极影响较为显著。

（2）职住空间关系影响

首先，从城中村的区位特征来看，研究构建的城中村位置虚拟变量是以距市中心最近的上马新村为参考，如表 6.2 所示，城中村的位置和交通便利程度对居民收入的影响均不显著。这主要是由于城中村居民就业基本在城中村及其周边地区，因而城中村的位置、距离市中心远近以及交通可达性并不会对其收入产生显著影响。但值得注意的是，东郊黄土坡居民收入明显高于其他 4 个城中村，这是由于东郊黄土坡村及周边地区邻近多个建筑工地和小型工业企业，其居民职业类型主要以工人为主，平均工资水平较高。

其次，从居住－就业空间距离来看，研究以 3 km 为参考，构建了 3 个距离虚拟变量。如表 6.2 所示，这 3 个距离虚拟变量的系数均为正。这表明通勤距离越远，城中村居民的收入水平越高，并且 10 km 以上的长距离通勤对城中村居民收入水平的积极影响较为显著。这表明如果城中村居民能够克服长距离通勤所带来的时空障碍，就可以寻找到收入更高的工作岗位。

最后，从工作地点来看，研究以二环内为参考构建了两个工作地点位置的虚拟变量，如表 6.2 所示，工作地点位置对于城中村居民的收入水平影响不显著。但值得注意的是，两个虚拟变量的系数为负，这表明工作地点距离市中心越远，其收入水平越低。这主要是由于昆明市是典型的单中心城市，城市中心聚集了大量商业、服务、贸易等工资水平较高的工作岗位，因此城市中心地区就业的收入水平相对较高。

由以上分析可见，城中村居民大部分以就近就业为主，这种职住较为平衡的空间关系在一定程度上影响了居民的收入水平，回归结果表明：

首先，城中村不仅为其居民提供了低价的住房，而且提供了大量就业岗位，使得城中村居民就业主要以本村及周边地区就业为主。

其次，城中村及周边地区能够提供的工作岗位大部分为低收入的劳动密集型工作，工资水平较低。这些岗位能够基本保障城中村居民的生存需求，但是不能够满足其进一步发展的需求。

最后，长距离通勤对城中村居民收入水平具有显著的积极作用。这表明城中村居民如果能够克服长距离通勤的时空障碍，就能够寻找到收入更高的岗位。但由于城中村居民收入水平较低，长距离通勤对其就业形成难以克服的空间障碍。

城中村居民绝大部分为没有城市户籍的外来务工人员，他们既没有受到城市福利体系的保障，又难以突破长距离通勤的空间障碍，同时受到教育水平和技能的限制，只能在城中村及周边地区从事劳动密集型和服务密集型工作。由于受到土地二元管理制度、城市管理和规划的缺失、人口密度较大、低端商业和服务业繁荣度较高等因素的影响，城中村及其周边地区提供了大量低收入、低技能的工作岗位，城中村居民职住空间关系较为平衡，保障了居民的基本生活条件，从这种角度来看，城中村具有积极的经济功能。但随着大规模的城中村改造，城中村这种积极功能也将随之消失。在这一过程中利益受损最为严重的正是这些外来务工人员，他们现有的收入水平已经较低，在城中村改造过程中，他们既得不到赔偿，又失去了就业岗位，将会陷入更加贫困的生活状态。

6.3.2　保障性住区居民职住空间关系的经济效应分析

研究采用 256 份保障性住区就业样本的调查问卷数据，通过构建收入回归方程，定量分析保障性住区居民职住空间关系的经济效应，结果如表 6.3 所示。

表 6.3　保障性住区居民收入影响因素方程回归结果

类别 项目	估计值	标准差	T 值	显著性水平（P）
截距（Intercept）	7.8356	0.2866	27.3420	< 2e–16***
性别	0.0809	0.0586	1.3820	0.1684
年龄	–0.0051	0.0030	–1.6990	0.090735.
户籍	0.0565	0.0744	0.7600	0.4482

续表

类别 项目	估计值	标准差	*T* 值	显著性水平（*P*）
家庭规模	0.0272	0.0300	0.9050	0.3662
劳动力数量	−0.0614	0.0457	−1.3440	0.1802
教育水平	0.0227	0.0107	2.1140	0.035553*
住房产权类型	−0.4891	0.0950	−5.1510	0.0000***
职业（以零工为参考）				
工人	0.0436	0.1027	0.425	0.6713
公务员	0.2442	0.1661	1.47	0.1428
职员	0.1335	0.0874	1.527	0.1281
商贩	0.1354	0.0982	1.378	0.1695
到达公交站点时间	−0.003	0.008	−0.376	0.7074
住区区位（以二环与三环之间为参考）				
三环外	−0.2741	0.1332	−2.057	0.0408*
保障性住区类型（以廉租房为参考）				
公租房	0.4684	0.1209	3.875	0.0001***
经适房	−0.1179	0.1642	−0.718	0.4737
通勤距离（以 <3 km 为参考）				
5km> CD ≥ 3km	−0.2509	0.141	−1.779	0.0766.
10km> CD ≥ 5km	−0.2448	0.1261	−1.941	0.0534.
20km ≥ CD ≥ 10km	−0.3274	0.1342	−2.44	0.0154*
CD >20km	−0.3808	0.1566	−2.432	0.0158*
通勤方式（以步行 / 自行车为参考）				
摩托 / 电动摩托车	0.3696	0.1346	2.745	0.0065**
公交车	0.359	0.1301	2.76	0.0062**
私家车	0.403	0.1549	2.601	0.0099**
工作地点区位（以二环内为参考）				
二环与三环间	−0.1117	0.0805	−1.388	0.1665
三环外	0.0274	0.0802	0.342	0.7326

注：*** 表示在 0−0.001 之间非常显著，** 表示在 0.001−0.01 之间比较显著，* 表示在 0.01−0.05 之间比较显著，. 表示在 0.05−0.1 之间显著；R^2 为 0.4008，调整后 R^2 为 0.3414。

（1）属性特征影响

首先，年龄对保障性住区居民收入水平有一定的影响。保障性住区的老年人口比重较高，50 岁以上人口占比达到 53%，30 ～ 50 岁及 30 岁以下青壮年人口分别占 37% 和 10%。由于主要从事劳动密集型和服务密集型工作，其就业与收入水平受到了年龄和体力的限制，表现为年龄越大、收入水平越低，可见保障性住区居民衰退型的年龄结构对其收入产生了一定的消极影响。

其次，从受教育水平来看，教育对于居民收入存在一定的积极影响，即受教育水平越高、收入越高。但值得注意的是，保障性住区居民受教育水平普遍较低，初中及以下程度人口占比为 61%，中专 / 高中占比为 28%，大学程度人口仅占 11%，因此教育对收入产生积极影响的系数较小。

再次，住房产权类型对居民收入水平产生显著影响。与自有住房相比，租房居民的收入水平高。

最后，由于保障性住区居民性别比例较为均衡（男性占比为 45%），家庭规模和劳动力数量差异较小，以本地户籍人口为主（占比为 83%），因此性别、户籍、家庭规模和劳动力数量未对其收入水平产生显著影响。同时，由于就业岗位收入普遍较低，不同类型岗位收入差异不大，不同职业类型也未对收入产生显著影响。

（2）住区类型及区位条件影响

首先，从住区类型来看，公租住区居民收入明显高于廉租住区和经适住区居民。这主要是由于不同类型的保障性住区针对的人群不同：根据昆明市保障性住房申请相关规定，廉租房是为了解决城市最低收入人群住房问题，要满足本地户籍、低保人群、住房面积小于 13 m^2 等条件，其租金水平也最低。子君欣景花园经适房于 2006 年以 2100 元 / m^2 向满足条件的城市低收入人群出售，现已停售。公租房是解决城市较低收入家庭住房困难问题，月租金是同地段市场租金的 70%，能够承租公租房居民的经济条件明显高于廉租房和经适房。

其次，从区位条件来看，与二环和三环之间住区相比，三环外住区对居民收入产生了一定程度的消极影响，即离中心城区越远、收入越低。

最后，从交通可达性来看，到达公交站点时间变量对居民收入影响不显著。这是由于保障性住区虽然大都邻近城市主干道，但其周边的城市公交体系并不完善，公交车可达性较差，公共交通为保障性住区居民出行提供的帮助十分有限。

（3）职住空间关系影响

首先，通勤距离指标对保障性住区居民收入水平产生了较为显著的影响：以 3 km 以内为参考的其他 4 个距离变量系数均为负，表明职住空间分离程度越大，通勤距离越长，收入越低。由此可见，保障性住区居民的居住－就业空间失配已对其收入产生了消极影响。

其次，从通勤方式来看，以步行 / 自行车 / 私家车为参考的三种机动性通勤方式对收入都产生了显著的积极影响，其中私家车对收入的积极作用最大。此外，摩托车和公交车也对收入产生了较为显著的积极影响，但保障性住区的公共交通可达性较差，因此城市公共交通对于帮助低收入人群克服通勤障碍的积极作用不及摩托车。

最后，工作地点区位对收入的影响并不显著。这是由于住区居民以劳动密集型就业为主，大部分就业岗位属于城市劳动力二级市场，不会对其长距离通勤提供补偿性工资。

由以上回归分析可见，大规模保障性居住建设虽然在解决大量城市低收入人群的住房问题方面卓有成效，但其空间布局对其居民的就业和收入造成了消极影响。受到地价等因素的限制，这种情况尚难在短时间内解决。虽然城市公共交通和摩托车这两种费用较低的通勤方式，可以在一定程度上缓解职住空间失配对保障性住区居民收入的消极影响，但大多数保障性住区周边城市公交体系并不完善，交通可达性差。同时出于交通安全及社会治安等考虑，我国大部分城市近年来加强了对电动摩托车，特别是摩托车的管控。因此，保障性住区居民很难依靠自身力量解决职住空间分离所带来的就业障碍。

6.3.3　城中村与保障性住区职住空间关系经济效应的差异性分析

由表 6.2 和表 6.3 对比分析可见，城中村和保障性住区居民收入水平的影响因素具有一定差异。

第一，年龄变量对城中村居民收入水平影响较为显著，对保障性住区居民收入水平影响不显著。这是因为城中村居民主要在劳动强度较大的岗位就业，因此受到年龄和体力限制。

第二，产权类型对保障性住房居民收入产生了显著影响，但对城中村居民影响不显著。这是因为绝大部分城中村中住房产权为租住，产权差异性小，因此产权类型对其居民收入影响不显著。三类保障性住区的产权类型和租金水平具有明显差异，廉租和公租住区产权类型为租住，经适住区产权类型大部分为自有。其中公租房虽然是城市政府向低收入人群提供的一种福利性住房，但其租金水平相对较高，是同地段市场租金的70%。因此，能够承租公租房居民的收入水平相对较高，回归结果表现为租住会对保障性住区居民收入产生较为显著的积极影响。

第三，区位条件对城中村居民收入产生一定影响，即距离城市就业中心和公交站点越远，收入水平越低，但对保障性住区居民收入影响不显著。这是由于与城中村相比，保障性住区空间位置更加偏远，交通可达性差，区位条件的差异性不大。

第四，职住空间关系对保障性住区居民的收入产生了较为显著的消极影响，而对城中村居民收入影响不显著。这主要是由于城中村居民以就近就业为主，职住空间关系较为平衡，没有产生长距离通勤，因此职住空间关系对其收入影响不大。而保障性住区居民职住空间分离显著，长距离通勤带来了一定的时间成本和经济成本，对其收入水平产生了较为显著的消极影响。

第五，私家车对城中村和各类保障性住区居民收入均产生了显著的积极影响，而城市公共交通只对保障性住区居民收入产生了显著影响，对城中村影响不显著。

6.4　低收入住区的外部经济效应分析

低收入人群聚居区不仅会对其居民产生影响，同时也可能对周边房地产价值产生一定程度的影响。以下内容通过构建包含低收入住区空间虚拟变量的特征价格方程，揭示低收入住区是否会产生外部效应。

6.4.1 特征价格方程的构建

（1）因变量的选择

本研究选取住宅租金作为因变量，原因如下：首先，考虑到目前我国城市房地产市场的具体情况，有相当一部分购房者是出于投资的目的购买住宅，住宅售价在一定程度上体现了房地产市场的投资需求而非单一的居住需求。相比住宅售价，住宅租金更能体现租房者真实的居住需求，其对住宅特征的需求更加客观和真实。其次，也有研究采用二手房的交易价格衡量房地产价值。但与住宅租金相比较，我国城市二手房交易数据的获取较为困难，并且数据量较少。基于数据的适用性、真实性和可获取性，本研究选择住宅租金来衡量住宅价值。

（2）自变量的选择

根据昆明市的实际情况，本研究选取自变量如表 6.4 所示。

表 6.4 自变量选择与解释

项目 \ 类别	特征变量	变量解释
建筑特征	建筑面积	住宅总建筑面积
	房龄	小区建筑年限
	装修程度	分为三级：精装为 1，中等装修为 2，简装为 3
	楼层	楼层等于或高于 8 层为 1，其他为 0
	朝向	南北向为 1，其他为 0
区位特征	市中心距离	小区到南屏街距离
	交通可达性	小区周边 0.5 km 范围内公交线路数量
邻里特征	教育设施	小区周边 1 km 范围内小学和中学数量
	医疗设施	小区周边 1 km 范围内医院数量
	环境条件	小区周边 1 km 范围内有公园或景观为 1，其他为 0
	低收入住区	小区周边一定范围内存在低收入住区为 1，不存在为 0

第一，建筑特征变量的选取。住宅的建筑特征是指住宅自身所具有的特征，研究选取的建筑特征包括建筑面积、房龄、装修程度、楼层和朝向。

建筑面积与消费者生活标准直接相关，消费者愿意为更大的居住空间支付更多的费用。装修程度也是消费者生活标准的一个直接反映，特别是对于出租房屋，消费者愿意为装修程度较高、居住舒适的住房支付更多的费用。本研究将装修程度分为三级，分别是精装、中等装修和简单装修。

房屋朝向也是影响租金水平的一个重要因素，南北朝向的住房相比其他朝向的住房能够得到更充足的日照和空气流通，提高了住宅的舒适度和使用价值。本研究将朝向变量设定为虚拟变量，南北朝向为 1，其他为 0。

此外，住宅楼层也是影响租金水平的一个重要因素。楼层高度的不同会造成房屋在通风、采光以及视野上的差别，租房者在选择房屋时会结合自身的偏好对不同高度的房屋进行选择。本研究将楼层变量分为两级，楼层大于等于 8 层的为高层，其他的为低层，这种分类方法主要是基于 8 层及以下的高度是在没有电梯的情况下可以被大部分人所接受的高度。

第二，区位特征变量的选择。住宅区位特征表现了住宅的空间固定性，即不可移动性，距市中心距离和交通可达性是表征住宅区区位条件最常见的变量。

本研究中距市中心距离变量是通过测量小区到南屏街（昆明市的金融、商业和娱乐中心）距离实现的。交通可达性则是采用小区周边 0.5 km 范围内公交线路的数量来衡量。一方面，小区周边拥有较多的公交线路会方便居民出行，对租金水平有积极影响；另一方面，交通线路较多也会面临交通拥堵、噪声大等问题，对租金水平有消极影响。

第三，邻里特征变量的选择。住宅邻里特征主要包括社会经济变量、公共服务设施和外在性影响三个方面。其中，社会经济变量主要包括邻里的社会阶层和种族构成，这一变量通常适用于国外对邻里特征的选择。我国并不存在种族问题，国内在相关研究中主要是从公共服务设施和外在性影响两个方面进行变量的选择。本研究选取的邻里特征变量包括教育设施、医疗设施、环境条件和是否邻近低收入住区 4 个变量。

其中教育设施变量选取的是小区周边 1 km 范围内中小学的数量。选取中小学衡量教育设施水平主要是根据我国城市中小学入校要采用就近入校的原则，小区周边是否有中小学以及中小学的质量对其租金水平会产生显著影响。由于中小学教学质量没有官方标准，难以定量评价，因此本研究采用的是小区周边中小学的数量衡量教育设施的水平。

医疗设施变量是指小区周边 1 km 范围内综合医院的数量。由于一般的社区诊所、专科医院的医疗条件有限，不能全面满足人们的就医需求，所以，本研究将目标医院规定为综合医院。综合医院是指依据卫生部（现为卫计委）2004 年推出的《综合医院建筑标准》而建设的医院，也称为全科医院。此类医院是根据卫生部统一标准进行建设，无论是建设规模、配套设施还是医生的专业水平都能满足就医者的需要。

随着生活水平的提高，租房者在选择房屋时也会考虑小区周边环境的舒适程度，在闲暇之余是否有娱乐、消遣的场所，因此小区周边的环境因素也是影响其租金的一个重要因素。本研究选择的环境变量是通过小区周边 1 km 范围内是否存在公园、景观来衡量的。

除了以上几个被普遍采用的邻里特征变量之外，本研究在邻里特征变量中加入了低收入住区这一变量。昆明市的低收入住区主要包括城中村、保障性住区、老旧小区和工厂家属区。这些低收入住区大多具有配套设施老旧、居住环境较差、偷盗等犯罪率较高等劣势特征。这些劣势特征不仅使低收入住区自身的租金水平较低，还可能对周边房地产价值产生影响。为了揭示低收入住区是否对周边房地产价值产生影响及产生何种影响，本研究分别选取了小区周边 0.5km、1km、1.5 km 范围内是否存在低收入住区来衡量低收入住区的外部效应。

6.4.2 低收入住区的外部效应分析

通过对不同形式函数模型回归结果的对比，本研究最后确定采用对数线性形式的特征价格模型。其中，因变量住宅租金采用对数形式，自变量采用线性形式。具体函数形式如下：

$$\mathrm{Ln}P=\beta_0+\sum\beta_iX_i+\sum\beta_iX_j+\sum\beta_iX_k+\varepsilon \tag{6.3}$$

公式（6.3）中，P 为住宅租金；X_i 为建筑特征变量；X_j 为区位特征变量；

X_k 为邻里特征变量；β_0、β_i、β_j、β_k 为待估计的系数；ε 为误差项。回归结果如表 6.5 和表 6.6 所示。

表 6.5　不考虑低收入住区的租金影响因素回归结果

项目 \ 类别	估计值	标准差	T 值	显著性水平（P）
（常量）	7.5883	0.0253	299.3730	<2e–16 ***
建筑面积	0.3936	0.0077	51.2390	<2e–16 ***
装修程度（以简装为参考）				
精装	0.0461	0.0203	2.2740	0.0232 *
中等装修	–0.0038	0.0234	–0.1610	0.8725
楼龄	–0.0607	0.0093	–6.5380	1.04e–10 ***
朝向	–0.0281	0.0174	–1.6130	0.1072
楼层	0.0105	0.0201	0.5250	0.5997
距市中心距离	–0.0528	0.0116	–4.5540	5.97e–06 ***
交通可达性	0.0278	0.0093	2.9720	0.00304 **
教育配套	0.0540	0.0115	4.7080	2.89e–06 ***
医疗配套	0.0312	0.0105	2.9870	0.0029 **
自然环境	0.0070	0.0189	0.3730	0.7090.

注：*** 表示在 0–0.001 之间非常显著，** 表示在 0.001–0.01 之间比较显著，* 表示在 0.01–0.05 之间比较显著，. 表示在 0.05–0.1 之间显著；R2 为 0.7687，调整后 R2 为 0.7659。

① 建筑特征影响

如表 6.5 所示，建筑特征中建筑面积、装修水平和楼龄变量对住宅租金水平产生了较为显著的影响，而住宅朝向和楼层变量的影响不显著。

第一，从建筑面积变量来看，在 0.001 的显著性水平下，建筑面积对租金的影响显著，在其他变量不变的情况下，建筑面积每增加 1 个单位，租金增加 0.40% 左右。

第二，从装修程度来看，与中等装修和简单装修相比，在 0.05 的显著性水平下，精装修对租金影响显著。通过实地调查，了解到随着生活水平的提高，租房者对住房的舒适程度要求有所提高，多数租房者会要求室内的装修和生活配套设施齐全。这种选择偏好使得装修程度较高、居住舒适的住房租金较高。

第三，从楼龄变量来看，在 0.001 的显著性水平下，楼龄对租金影响

表 6.6 考虑低收入住区的租金影响因素回归结果

类别/项目	1.5 km				1.0 km				0.5 km			
	估计值	标准差	T 值	显著性水平（P）	估计值	标准差	T 值	显著性水平（P）	估计值	标准差	T 值	显著性水平（P）
	Estimate	Std. Error	*T* value	p_r（>|*t*|）	Estimate	Std. Error	*t* value	p_r（>|*t*|）	Estimate	Std. Error	*t* value	p_r（>|*t*|）
（常量）	7.6161	0.1290	59.0240	< 2e−16***	7.7513	0.0483	160.5050	< 2e−16***	7.6513	0.0326	234.3520	< 2e−16***
建筑面积	0.4045	0.0086	46.8580	< 2e−16***	0.4012	0.0087	45.9850	< 2e−16***	0.4051	0.0086	46.8450	< 2e−16***
装修程度（以简装为参考）												
精装	0.0306	0.0235	1.3000	0.1942	0.0294	0.0234	1.2550	0.2098	0.0298	0.0235	1.2670	0.2058
中等装修	−0.0001	0.0280	−0.0050	0.9963	0.0002	0.0279	0.0080	0.9936	−0.0011	0.0280	−0.0400	0.9683
楼龄	−0.0286	0.0098	−2.9080	0.0038**	−0.0297	0.0098	−3.0320	0.002526**	−0.0281	0.0098	−2.8640	0.004319**
朝向												
	−0.0178	0.0193	−0.9180	0.3588	−0.0181	0.0193	−0.9380	0.3486	−0.0183	0.0193	−0.9470	0.3440
楼层												
	0.0300	0.0204	1.4680	0.1427	0.0324	0.0204	1.5870	0.1129	0.0302	0.0204	1.4760	0.1404
距市中心距离	−0.0600	0.0132	−4.5520	0.0000***	−0.0664	0.0134	−4.9530	0.0000***	−0.0573	0.0138	−4.1640	0.0000***
交通可达性	0.0328	0.0104	3.1650	0.001626**	0.0340	0.0103	3.2940	0.001041**	0.0335	0.0104	3.2290	0.001306**
教育配套	0.0479	0.0137	3.5080	0.000484***	0.0478	0.0136	3.5090	0.000481***	0.0473	0.0137	3.4520	0.0006***
医疗配套	0.0235	0.0127	1.8440	0.065616.	0.0209	0.0127	1.6450	0.1005	0.0229	0.0127	1.8000	0.072361.
自然环境	0.0221	0.0203	1.0890	0.2764	0.0270	0.0202	1.3370	0.1819	0.0213	0.0203	1.0480	0.2949
低收入住区	0.0469	0.1268	0.3700	0.7118	−0.0967	0.0425	−2.2750	0.023217*	0.0170	0.0237	0.7180	0.4731
剩余标准差	0.216 on 643 degrees of freedom				0.2152 on 643 degrees of freedom				0.216 on 643 degrees of freedom			
调整后 R^2	0.7862				0.7878				0.7863			
R^2	0.7822				0.7839				0.7823			
F 检验	199 on 12 and 643 DF				197.2 on 12 and 643 DF							
P 值	< 2.2e−16				< 2.2e−16				< 2.2e−16			

注：*** 表示在 0−0.001 之间非常显著，** 表示在 0.001−0.01 之间比较显著，* 表示在 0.01−0.05 之间比较显著，表示在 0.05−0.1 之间显著。

显著。楼龄越大、房屋建成历史越久，房屋格局老旧、居住舒适性较差，租金水平较低。

第四，住宅朝向对租金的影响不显著。一方面，由于租房者的租房期限多为半年期、一年期，甚至更短的期限，在选择房屋时主要考虑如何在租金最低的条件下达到租房效果的最大化。另一方面，昆明市低纬度的地理位置使得非南北朝向住宅的光照条件也较好。因此，房屋朝向这一变量对租金水平的影响不显著。

第五，楼层对住宅租金的影响不显著。这主要是由于城市高层住宅（8层及以上）均安装有电梯，并且出租住房物业费和电梯费由房主承担，因此高层住宅不会影响租户出行，也不会增加租户经济负担，这使得楼层高度差异对租金水平的影响不显著。

② 区位条件影响

第一，从区位条件来看，在 0.001 的显著性水平下，距市中心距离变量对租金影响显著，即越靠近市中心，商业、文化和娱乐的繁荣程度就越高，居民的出行就越方便，租金水平越高。

第二，从交通可达性角度来看，在 0.01 的显著性水平下，交通可达性对租金具有较为明显的积极影响。租房者在选择住房时考虑的一个重要因素就是交通便利性，在交通不便的小区居住会增加租房者的通勤费用，租房者在可接受范围内会为交通便利性高的房屋支付较高租金。

③ 邻里特征影响

首先，从教育设施影响来看，在 0.001 的显著性水平下，教育设施对租金具有显著的积极影响，即小区周边的中小学数量越多，该小区的租金就越高。由于中小学入学主要采取的是就近入学，所以，租房者在选择住房时就会考虑小区周边是否存在中小学以及学校的数量和质量，这也导致了学区房的出现。

其次，从医疗设施影响来看，在 0.01 的显著性水平下，医疗配套对租金具有较为显著的积极影响。小区周边的就医条件是租房者在选择住宅时重点考虑的因素，特别是有老人或者小孩的家庭更加重视小区周边的条件，即周边的医疗设施越完善，小区的租金水平越高。

最后，从环境条件来看，在 0.05 的显著性水平下，自然环境对租金水平存在积极影响，但影响不显著。在通常情况下，由于租房期限较短，租房者更加注重住房的实用性、舒适性和小区的内部环境，对小区周边环境的要求较低。

④ 低收入住区影响

由表 6.5 所示，本研究选择了 1.5km、1.0km 和 0.5 km 空间范围内是否存在低收入住区来分析低收入住区的外部效应，回归结果表明：

第一，从回归方程精度角度来看，表 6.5 的 Multiple R-squared（样本数 R^2，即样本决定系数）、Adjusted R-squared（调整后的 R^2，即调整后的决定系数）和 F 值与表 6.4 相比均得到了一定程度的提高。这表明考虑到低收入住区影响的特征价格方程精度得到了提高，因此将住区周边是否存在低收入住区作为一个邻里特征纳入特征价格方程是具有科学性的。

第二，在 0.01 的显著性水平下，小区周边 1.0 km 范围内存在低收入住区会使其租金水平降低，即低收入住区产生了消极的外部效应，1.5 km 和 0.5 km 范围内存在低收入住区的影响不显著。这主要是由于 0.5 km 的空间范围过小，能够产生消极影响的低收入住区没有被纳入；而 1.5 km 的空间范围过大，一些没有产生影响的低收入住区被纳入，使其消极影响不显著。

通过本章分析可见：

首先，总体上看，职住空间关系对城市低收入人群的收入水平产生了较为显著的影响，即职住空间分离越明显、通勤距离越长，低收入人群的收入水平越低，收入回归结果支持“空间失配”假说。

其次，不同类型住区的职住空间关系经济效应具有差异性。城中村居民以就近就业为主，职住空间关系并未对其居民收入产生较为显著的影响，即城中村居民不支持“空间失配”假说。保障性住区居民职住空间分离显著，长距离通勤带来了一定的时间成本和经济成本，对其收入水平产生了较为显著的消极影响，即保障性住区居民支持“空间失配”假说。

再次，机动性通勤方式对低收入人群的收入水平产生了显著的积极影响，其中私家车的积极作用程度最大，摩托车和公交车也对收入水平产生了较为显著的积极影响，但由于能够利用私家车的低收入人群较少，低收入住区的公共交通可达性较差、城市政府对于摩托车的管控力度大等因素，低收入人群克服职住空间分离的能力较差，能够得到的帮助较少。

最后，低收入住区还会产生一定程度的消极外部效应。低收入住区大多具有建筑环境与建筑质量较差、犯罪率较高等劣势特征。特征价格方程表明在一定空间范围（1.0 km）内存在低收入住区，对小区租金水平产生较为显著的消极影响。

第7章　结论与建议

7.1　结论

根据“空间失配”假说，城市低收入人群作为城市的弱势群体，其本身缺少居住地和就业地的选择与权衡能力，只能被动接受居住郊区化、就业中心化所导致的职住空间分离。与一般市民相比较，低收入人群的居住与就业地之间的“空间失配”性更加显著，对其就业与收入产生了显著的消极影响。

20世纪90年代以来，我国经历了一系列经济、社会的变革。在此背景下，我国城市中出现了一定规模的低收入人群。与此同时，我国城市的空间结构也发生了重组，城市的居住空间分异日趋明显，低收入人群开始在特定空间聚居，形成了低收入人群聚居区。这些低收入人群聚居区大多偏离城市中心区；而我国城市产业郊区化的趋势明显滞后于居住郊区化，大量就业岗位仍然保留在城市中心区。由此导致了我国城市居民职住空间的平衡性被打破，职住空间分离的空间失配趋势日益显著。

值得注意的是，我国城市的经济社会发展水平、体制等发展背景与西方国家具有明显的差异性，我国城市中的低收入人群及其聚居区的产生机制和特征也与西方国家不同，同时我国各个城市之间的经济社会发展水平也存在明显差异。因此，在快速变革的背景下，新时期中国城市低收入人群的职住空间关系特征及其所产生的经济影响研究具有较强的理论和实践指导意义。

本研究基于城市地理学、城市经济学和城市社会学相结合的视角，以在二、三线城市中具有代表性的昆明市为研究样本城市，以城市低收入人群这一弱势群体为研究对象，利用大样本房租数据和低收入住区居民的问卷调查数据，分析了昆明市主城区低收入人群居住和就业空间的特征、内部差异、影响因素及其经济效应，研究主要结论如下。

7.1.1 城市低收入人群居住空间分布特征

本研究利用昆明市主城区 343 个小区的 1031 个房租数据对昆明市主城区居住空间分异进行了分析。研究结果表明，昆明市主城区的居住空间分异较为明显，主城区内出现了 2 个明显的房租高值中心和 4 个明显的房租低值中心；基于房租水平的居住空间分异指数曲线总体上近似 U 形，城市社会结构中的低收入人群聚居现象比较明显，与富裕阶层居住区呈现出较为明显的隔离状态。

城市低收入人群由于受到收入水平的限制，大都选择低价住房，因此在偏离市中心地区出现的 4 个房租低值区可被认为是低收入人群聚居区。通过分析低收入人群空间分布特征和空间自相关结果发现，昆明市主城区低收入人群聚居区的出现原因包括：第一，受到自身条件的限制。低收入人群聚居区大多偏离城市中心，居住环境和条件较差，交通可达性较差，城市基础设施和配套设施不完备，大多属于城中村、老旧小区、廉租公租等保障性住区。第二，这些低收入住区分布较为连片集中，在空间上形成了一定规模，房租具有较强的空间相关性，拉低了整个区域的租金水平，从而导致了低收入人群聚居区的形成。

7.1.2 低收入人群内部异质性分析

本研究在昆明市主城区低收入人群聚居区中选择了 13 个典型低收入住区，以这些住区居民作为低收入人群的代表，对其进行问卷调查。利用所获取的数据对低收入人群内部构成的异质性进行了分析，研究结果表明，城市低收入人群虽然总体上均表现出收入和教育水平较低，以服务型和劳动密集型岗位就业为主的共同特征，但从贫困深度、致贫原因和脱贫能力角度来看，低收入人群内部表现出了明显的差异性，具体可分为五类人群。

第一类人群大多为本地户籍，有劳动能力且有一定劳动技能，但劳动参与率和收入水平较低，其致贫原因主要是由于人群主观上的就业意愿较低。第二类人群为外地户籍，年轻且劳动参与率高，教育水平和技能较低，收入水平相对较高。其致贫原因不仅包括受到自身教育水平、技能等因素限制，还包含了制度排斥等因素。第三类人群绝大部分为本地户籍，受到年龄、体力、技能的限制，劳动参与率低，收入水平低，贫困深度较大。其致贫原因主要是受到自身体力和技能的限制。第四类人群属于城市传统贫困人群，即传统的“三无”人员，贫困深度大。第五类人群普遍缺乏劳动力市场竞争能力，难以就业或就业岗位不稳定，收入水平较低，具有较高的流动性。

以上研究结果发现，第三和第四类人群不具备就业能力，因此没有必要对其进行职住空间关系研究。只需对第一、第二和第五类较为年轻，具有一定技能和就业能力的低收入人群的职住空间关系及其经济效应进行研究。

7.1.3 低收入人群职住空间特征分析

本研究以昆明市主城区城中村、保障性住区（包含廉租、公租、经适住区）和工厂家属区三类低收入住区居民作为低收入人群的代表，通过对其居住地、就业地，以及相关通勤指标进行分析，揭示低收入人群职住空间关系特征，研究发现：

第一，总体来看，低收入人群的居住 - 就业空间关系与一般市民的差异性较小，但低收入人群与一般市民在克服职住空间分离的能力和就业地点的区位选择上表现出较大差异。低收入人群更倾向于采用低成本的步行 / 自行车、公交车和摩托车作为通勤方式，大部分低收入人群就业地点距离城市中心较远。

第二，不同类型的低收入住区，其居民职住空间特征表现出明显的差异性。具体来看，城中村和工厂家属区居民以短距离通勤为主，表现出较为明显的职住空间平衡特征。保障性住区居民的中长、长距离通勤占较大比重，表现出了一定程度的职住空间分离特征。正是由于不同类型低收入住区的职住空间关系具有明显的差异，掩盖了低收入人群与一般市民职住空间关系的差异性。

第三，不同类型就业岗位的低收入人群，其职住空间特征也具有差异性。具体来看，房东、商贩这两类低技能的岗位表现出明显职住空间平衡的特征，职员和公务员这两类相对技能较高的岗位表现出明显的职住空间分离的特征，零工和工人表现出了长短距离通勤并存、职住空间平衡和分离并存的特征。

第四，与一般情况不同的是，收入水平越低的低收入人群，其通勤距离越长、职住空间分离越明显；受教育水平对低收入人群职住空间关系影响不显著。

7.1.4 低收入人群职住空间关系的经济效应分析

本研究通过构建包含空间虚拟变量的收入回归方程，揭示低收入人群职住空间关系的经济效应，研究结果表明：

第一，总体上看，职住空间关系对城市低收入人群的收入水平产生了较为显著的影响，即职住空间分离越明显、通勤距离越长，低收入人群的收入水平越低，全体就业样本的回归结果支持“空间失配”假说。

第二，不同类型住区的职住空间关系经济效应具有差异性。城中村居民以就近就业为主，职住空间关系并未对其居民收入产生较为显著的影响，即城中村居民不支持“空间失配”假说。保障性住区居民职住空间分离显著，长距离通勤带来了一定的时间成本和经济成本，对其收入水平产生了较为显著的消极影响，即保障性住区居民支持“空间失配”假说。

第三，机动性通勤方式对低收入人群的收入水平产生了显著的积极影响，其中私家车的积极作用程度最大，摩托车和公交车也对收入水平产生了较为显著的积极影响。由于能够利用私家车的低收入人群较少，住区的公共交通可达性较差、城市政府对于摩托车的管控力度大等因素，低收入人群克服职住空间分离的能力较差。

第四，低收入住区还会产生一定程度的消极外部效应。特征价格方程表明在一定空间范围（1.0 km）内存在低收入住区，对小区租金水平会产生一定程度的消极影响。

7.2 对策与建议

基于以上研究结论，以下内容分别从城市管理、城市规划、城市福利体系制定等方面提出减少职住空间失配对低收入人群就业消极影响的相关对策与建议。

7.2.1 城市管理中的微观视角

与国外学者多层次、多角度来研究城市社会中弱势人群相比，我国学者针对城市低收入等弱势人群的研究是有限的。这就导致了对城市低收入人群内部构成差异性、面临贫困问题的多样性、致贫机制和脱贫能力等问题认识模糊不清。从而造成了我国城市管理体系中关于城市低收入人群的帮扶和救助政策，一般都将其作为一个均质的整体，从宏观管理角度提出无差别的救助措施，如生活基本救助、失业救助等。

将低收入人群作为一个整体，提供救助固然重要。但是，如果忽略了低收入人群内部构成的异质性，不利于把握不同类型低收入人群面临困难的多样性和脱贫能力的差异性，因而也很难根据不同类型人群制定出具体的救助和帮扶措施。这就需要在城市管理中，不仅要从宏观的角度针对低收入人群制定救助政策；同时也要从微观视角，针对不同类型的低收入人群制定有针对性的帮扶措施。

本研究以低收入住区居民作为城市低收入人群的代表，对其内部异质性进行了分析。研究发现城市低收入人群可分为五类，其中第三和第四类人群的贫困深度大，且本身没有脱贫能力，只能依靠城市福利体系救助。这两类人群就没有必要帮助其提高就业能力，城市政府主要需要提供能够满足其基本生活的货币和实物救助，以及在住房、医疗等方面提供有效保障。第一、第二和第五类人群都具备就业能力，但其就业能力遭遇了技能和教育水平障碍、城市制度障碍、职住空间分离所造成的就业空间障碍等。对这三类人群就需要详细分析其就业的各种障碍，并在此基础上提出帮助其克服就业障碍的具体对策。

“十三五”以来，中央和地方各级政府针对农村贫困问题提出，要针对不同贫困区域环境、不同贫困农户状况，实施精准扶贫。这也为今后城市贫困研究和相关工作提供了新的启发。应当充分认识城市低收入人群内部的差异性，在城市政府资源有限的条件下，确定各类人群优先帮扶次序，从微观视角针对不同类型的低收入人群制定有针对性、切实有效的帮扶政策。

7.2.2 城市规划中对城中村拆迁和保障性住区选择的反思

（1）城中村拆迁的反思

城中村是我国工业化和快速城镇化过程中，由于城乡二元土地制度、户籍制度及行政管理制度而产生的独特的地域空间。早期城中村研究主要以负面评价为主[160-163]。近年来，研究认为城中村已成为一种中国特有的外来务工人员的聚居空间，成为外来务工人员适应城市化的基础[164-167]。本研究的研究结果也表明了城中村由于其相对的区位优势和大量人口集聚，使城中村及周边地区成为非正规经济和生活服务型产业的集聚地，提供了大量低技能就业岗位。这些就业岗位不仅保障了外来务工人员的基本生活需求，又是城市经济发展和人民生活需求必不可少的构成部分。因此，城中村对城市发展起到一定程度上的积极作用。

然而城中村作为过渡性的地域空间，必将随着城镇化进程的深入而最终消失。以外来务工人员为主体的城中村居民，大部分属于城市低收入群体，对居住成本和通勤成本的变化较为敏感。我国目前许多城市在城中村改造过程中，很少考虑到城中村拆迁对其居民的影响。对于大量低技能的外来务工人员，廉价的住房和低通勤成本的就业岗位都是保障其基本生活的必要条件。以外来务工人员为主体的城中村居民，在大规模的城中村改造过程中不仅会失去廉价住房，而且还可能失去就业岗位。因此，城市政府在城中村改造过程中，需考虑到大量城中村居民就近就业的需求。城中村改造不能只是简单的拆除过程，也需要保留一些低技能的岗位聚集区，或者采用一定的方式帮助低收入人群克服长距离通勤障碍，满足低收入人群低通勤成本的就业需求，避免出现新的社会问题。

（2）保障性住区空间选址的思考

我国目前保障性住房选址受到地价等因素限制，一般选址较为偏僻，规模较大，且连片分布，在空间上形成了低收入人群聚居区。这种情况尚难在短时间内解决。保障性住区虽然在解决大量城市低收入人群的住房方面卓有成效，但研究结果表明，保障性住区的空间选址已经使其居民居住与就业出现了“空间失配”，成为低收入人群就业的空间障碍，并且其居民难以凭借自身力量来克服这种空间障碍。

由此可见，城市决策者在今后保障性住区建设中应考虑到职住空间失配造成的消极影响，采取多种方式来减少或避免这种消极影响。例如可以借鉴美国或欧洲公共住房的“混居”模式。一般来讲，高收入居住区的城市基础设施、公共服务设施以及其他配套设施都较为完备。可以在高档住宅区及其周边地区，建设小规模的保障性住区，这样不仅可以避免保障性住区集中连片形成低收入人群聚居区，又可以让低收入人群享受高收入住宅区周边的教育、医疗和交通等基础配套设施，促进阶层间的相互交流，使低收入人群有可能获得提升通道。

7.2.3 土地利用与城市交通设计中的低收入人群需求

（1）城市土地利用中的职住空间关系问题

城市土地制度和住房制度改革带来了城市产业结构的空间重新布局和高度活跃的房地产市场，企业和居民在空间选址上都享有了较大的自由度。受到高房价等因素的限制，居住郊区化的趋势日益明显。而我国大部分城市仍属于单中心结构，大部分就业岗位仍然保留在城市中心。城市经济活动和居住用地的分离趋势逐渐明显，形成全新的就业与居住空间关系格局。

20 世纪 90 年代以来的快速经济转型和城市化导致了就业和居住的过度分离，我国城市居民的中长距离通勤行为明显增加，城市交通压力增加，大部分城市出现了较为严重的交通堵塞。这不仅给城市管理带来了困难，也降低了城市运行效率。同时，城市低收入人群和其他一些选择机会受限的弱势人群，在居住地点和就业地点选择上受到较大约束。这些弱势群体在工作机会周边找不到低价住宅，而房价较低的住区又远离就业地，必须被动接受职住空间分离产生的较高通勤成本。这不仅会造成低收入人群自身福利受损，同时也会影响整个城市的和谐健康发展。

因此，在城市建设和产业空间布局时，不仅要考虑产业发展的需求，还应考虑潜在居民群体的就业空间分布状况，应从城市管理和城市发展战略角度出发，提出促进产业郊区化和住宅郊区化相配合的产业发展模式。在土地开发战略中，将居民就业区域纳入房地产选址的考虑因素之中，居住区选址如果无法避免长距离通勤，则可考虑在放射型交通线附近进行房地产开发，以减少通勤障碍。

（2）城市交通设计中的低收入人群需求

城市道路交通等基础设施提高了区域的通达性，降低居民的出行成本，对住区的居住条件改善具有明显的积极作用。本研究发现机动交通模式可以在一定程度上减少低收入人群职住空间失配所造成的消极效应。但受到收入水平等因素限制，低收入人群难以采用私家车作为通勤工具。虽然城市公共交通和摩托车这两种费用较低的通勤方式，可以在一定程度上对低收入人群提供帮助，但大多数低收入住区周边的城市公交体系并不完善，交通可达性差。同时，城市政府出于交通安全及社会治安等考虑，近年来加强了对于电动摩托车，特别是摩托车的管控。这不仅会导致低收入人群缩减寻找工作的空间范围、降低和工作机会接触的可能程度，而且过高的通勤成本会使低收入人群受雇用的可能性降低（要求提高工资或要求通勤补贴），从而使低收入人群的失业率上升，进而陷入贫困陷阱。

因此，城市政府有必要在城市交通，特别是城市公共交通设计中考虑低收入人群的出行需求。美国城市“空间失配”的背景是低收入人群在城市中心聚集，而工作机会和高收入人群在郊区的聚集，因此美国低收入人群面临的是如何出城的问题。而我国城市的普遍现状是郊区聚集了大部分的低收入人群，而城市中心是就业中心和高收入者聚居区，我国城市低收入人群面临的是如何入城的问题。

20世纪90年代以来，中国城市普遍采用“摊大饼式”的空间扩张模式，使城市范围迅速扩张。在城市快速扩张的同时，城市交通网络建设相对滞后。一般情况是城市中心区域交通网络相对完善，郊区交通网络大多不健全，入城难问题普遍存在。因此城市政府在未来的城市交通体系设计中，应更加重视郊区交通网络的完善，特别是郊区公共交通体系的设计与完善。城市政府应根据其具体情况，在较为偏远的大型低收入住区周边，根据居民具体需求设立公交线路和站点，增加低收入住区的交通可达性。同时，政府也应切实考虑到低收入人群的支付能力，可以通过货币补贴、优惠卡、低价公交专线等多种方式，向低收入人群提供价格低廉的公共交通服务，帮助其克服职住空间失配所造成的就业空间障碍。

参考文献

［1］国家统计局．中国统计摘要［M］．北京：中国统计出版，2006：122-138.

［2］侯学英．中国城市化进程时空差异分析［M］．北京：经济科学出版社，2008：144-155.

［3］梁汉媚，方创琳．中国城市贫困的基本特点与脱贫模式探讨［J］．人文地理，2011（6）：61-66.

［4］蒋贵凰，宋迎昌．中国城市贫困状况分析及反贫困对策［J］．现代城市研究，2011（10）：10-15.

［5］吉登斯．社会学［M］．北京：北京大学出版社，2009：98-300.

［6］FRIEDRICHS J，GALSTE G，MUSTERD S.Neighbourhood Effects on Social Opportunities：The European and American Research and Policy Context［J］.Housing Studies，2003，18（6）：797-806.

［7］BRANNSTROM L.Poor Places，Poor Prospects? Counterfactual Models of Neighbourhood Effects on Social Exclusion in Stockholm，Sweden［J］. Urban Studies，2004，41（13）：2515-2537.

［8］LI J M.Fiscal Consequences of Concentrated Poverty in a Metropolitan Region［J］.Annals of the Association of American Geographers，2005，95（2）：336-356.

[9] 诺克斯，平奇 . 城市社会地理学导论 [M] . 北京：商务印书馆，2005：75-95.

[10] MARCUSE P.The Enclave，the Citadel，and the Ghetto：What has Changed in the Post-Fordist U.S.City [J] .Urban Affairs Review，1997，33（2）：228-264.

[11] QUILLIAN L.Migration Patterns and the Growth of High-Poverty Neighborhoods[J].American Journal of Sociology，1999，105(1)：1-37.

[12] MUSTERD S，PRIEMUS H，RONALD VAN KEMPEN.Towards Undivided Cities：The Potential of Economic Revitalisation and Housing Redifferentiation [J] .Housing Studies，1999，14（5）：573-584.

[13] 刘晔，李志刚，吴缚龙 .1980 年以来欧美国家应对城市社会分化问题的社会空间政策述评 [J] . 城市规划学刊，2009（6）：72-78.

[14] FRIEDRICHS J，GALSTE G，MUSTERD S.Neighbourhood Effects on Social Opportunities：The European and American Research and Policy Context [J] .Housing Studies，2003，18（6）：797-806.

[15] WILSON W J.The truly disadvantaged：the inner city，the underclass，and public policy [M] .Chicago：University of Chicago Press，1987.

[16] MARCUSE P.Space and race in the post-fordist city [M] //MINGIONE E.Urban poverty and the underclass.Oxford：Blackwell，1996.

[17] SMALL M L，NEWMAN K.Urban poverty after the truly disadvantaged：the rediscovery of the family，the neighborhood，and culture [J] .Annual Review of Sociology，2001（27）：23-45.

[18] PAUL J，BANE M J.Ghetto poverty：Basic questions.In Inner city poverty in the United States [M] .Washington，DC：National Academy Press，1990.

[19] WILSON W J.When work disappears：The world of the new urban poor[M].New York，NY：Alfred A.Knopf，Inc.，1996.

[20] KINGSLEY G T.Concentrated poverty：A change in course [M] //The

Neighborhood Change in Urban America Series.Washington, DC: Urban Institute., 2003.

[21] KAIN J F.Housing Segregation, Negro Employment, and Metropolitan Decentralization[J].The Quarterly Journal of Economics, 1968, 82(2): 175–197.

[22] ONG P, BLUMENBERG E.Job access, commute and travel burden among welfare recipients [J].Urban Studies, 1998, 35 (1): 77–93.

[23] BLUMENBERG E.On the Way to Work: Welfare Participants and Barriers to Employment [J].Economic Development Quarterly, 2002, 16 (4): 314–325.

[24] BLUMENBERG E, HESS D B.Measuring the role of transportation in facilitating welfare–to–work transition: Evidence from three California counties.Sustainability and Environmental Concerns in Transportation[C]. Transportation Research Board Natl Research Council, Washington, 2003: 93–101.

[25] SANCHEZ T W, SHEN Q, PENG Z R.Transit Mobility, Jobs Access and Low–income Labour Participation in US Metropolitan Areas [J]. Urban Studies, 2004, 41 (7): 1313–1331.

[26] ONG P M, MILLER D.Spatial and Transportation Mismatch in Los Angeles[J].Journal of Planning Education and Research, 2005, 25(1): 43–56.

[27] HU L Q.Urban Spatial Transformation And Job Accessibility: Spatial Mismatch Hypothesis Revisited [D].Los Angeles: University of Southern California, 2010.

[28] LAU J C.Spatial mismatch and the affordability of public transport for the poor in Singapore's new towns [J].Cities, 2011, 28 (3): 230–237.

[29] HUGHES M A.A Mobility Strategy for Improving Opportunity [J].

Housing Policy Debate，1995，6（1）：271-297.

[30] MARTIN R W.Spatial Mismatch and Costly Suburban Commutes：Can Commuting Subsidies Help?［J］.Urban Studies，2001，38（8）：1305-1318.

[31] GRENGS J.Community-Based Planning as a Source of Political Change：The Transit Equity Movement of Los Angeles' Bus Riders Union［J］.Journal of the American Planning Association，2002，68（2）：165-178.

[32] BLUMENBERG E，Manville M.Beyond the Spatial Mismatch：Welfare Recipients and Transportation Policy［J］.Journal of Planning Literature，2004，19（2）：182-205.

[33] ZENOU Y.Urban search models under high-relocation costs：Theory and application to spatial mismatch［J］.Labour Economics，2009，16（5）：534-546

[34] LAU J C.Spatial mismatch and the affordability of public transport for the poor in Singapore's new towns［J］.Cities，2011，28（3）：230-237.

[35] AMARTYA S.Poverty and Famines：An Essay on Entitlement and Deprivation［M］.London：Oxford University Press，1982.

[36] CHAMBER R.Poverty and Livelihood：whose Reality Counts?［J］.Economic Review，1995，7（1）：357-382.

[37] AJAKAIYE D O，ADEYEYE V A.Concepts，Measurement and Causes of Poverty［J］.CBN Economic & Financial Review，2002，39（4）：1-32.

[38] 沈小波，林擎国.贫困范式的演变及其理论和政策意义［J］.经济学家，2005（6）：90-95.

[39] 王小林.贫困概念的演进［R］.中国国际扶贫中心研究报告，2012.

[40] 国锋.经济增长背景下的城市贫困：以上海为例［J］.上海经济研究，2009（12）：88-95.

[41] 曹艳春.城市贫困新类型及贫困程度评估与救助研究［J］.人口与经济，

2010（4）：6-10.

［42］封婷．城市准贫困人群生活状况监测的指标体系构造［J］．统计与决策，2011（22）：8-11.

［43］袁媛，李珊．大城市低收入邻里社会贫困的测度差异与成因［J］．地理学报，2012，67（10）：1353-1361.

［44］CHEN S，RAVALLION M，WANG Y.Di Bao：A Guaranteed Minimum Income in Urban China?［J］.Policy Research Working Paper，2006.

［45］BJRN G，DENG Q.Social Assistance Receipt and its Importance for Combating Poverty in Urban China［R］.IZA Discussion Paper，2007.

［46］GAO Q，GARFINKE I，ZHAI F.Anti-poverty Effectiveness of the Minimum Living Standard Assistance Policy in Urban China［J］.Review of Income and Wealth，2009，55（1）：630-655.

［47］尚卫平，姚智谋．多维贫困测度方法研究［J］．财经研究，2005，31（12）：88-94.

［48］王春萍．当代贫困的测度体系及其经济学涵义分析［J］．社会学辑刊，2009（2）：120-123.

［49］邹薇，方迎风．怎样测度贫困：从单维到多维［J］．国外社会科学，2012（2）：63-68.

［50］刘泽琴．贫困的多维测度研究述评［J］．统计与决策，2012（10）：33-36.

［51］高颖，张欢，周瑜．城市家庭贫困程度判定模型的构建——基于北京西城区社会救助工作实践的研究［J］．北京社会科学，2008（4）：50-56.

［52］罗小兰，曹艳春．基于 AHP 方法的中国城市家庭贫困程度测度指标体系设想与实证分析［J］．中央财经大学学报，2010（6）：75-80.

［53］侯卉，王娜，王丹青．中国城镇多维贫困的测度［J］．城市发展研究，2012，19（12）：123-128.

［54］蒋翠侠，许启发，李亚琴．中国家庭多维贫困的统计测度［J］．统

计观察，2011（22）：92-95.

［55］柴彦威，陈零极，张纯．单位制度变迁：透视中国城市转型的重要视角［J］．世界地理研究，2007，16（4）：60-69.

［56］刘长岐，王凯．我国城市居住空间结构的演变过程研究［J］．重庆建筑大学学报，2004，26（6）：1-5.

［57］冯健，周一星．转型期北京社会空间分异重构［J］．地理学报，2008，63（8）：829-844.

［58］王芳，高晓路，颜秉秋．基于住宅价格的北京城市空间结构研究［J］．地理科学进展，2014，33（10）：1322-1331.

［59］冯健．转型期中国城市内部空间重构［M］．北京：科学出版社，2005：181-196.

［60］张高攀．城市“贫困聚居”现象分析及其对策探讨——以北京市为例［J］．城市规划，2006，30（1）：40-46.

［61］李志刚，吴缚龙．转型期上海社会空间分异研究［J］．地理学报，2006，61（2）：199-211.

［62］李志刚，吴缚龙，卢汉龙．当代我国大都市的社会空间分异——对上海三个社区的实证研究［J］．城市规划，2004，28（6）：60-67.

［63］陈涌．城市贫困区位化趋势及其影响［J］．城市问题，2000（6）：15-17.

［64］袁媛，吴缚龙，许学强．转型期中国城市贫困和剥夺的空间模式［J］．地理学报，2009，2（6）：36-39.

［65］袁媛．社会空间重构化研究背景下的贫困空间固化研究［J］．现代城市研究，2011（3）：14-18.

［66］谌丽，张文忠，党云晓，等．北京市低收入人群的居住空间分布、演变与聚居类型［J］．地理研究，2012，31（4）：720-732.

［67］袁媛，许学强．广州市城市贫困空间分布、演变和规划启示［J］．城市规划学刊，2008（7）：87-91.

［68］袁媛，许学强．转型时期中国城市贫困地理的实证研究——以广州

市为例［J］. 地理科学，2008，28（4）：457–463.
［69］袁媛 . 转型期城市贫困的空间分异研究［M］. 北京：科学出版社，2014：42–62.
［70］陈果，顾朝林，吴缚龙 . 南京城市贫困空间调查与分析［J］. 地理科学，2004，87（10）：51–54.
［71］刘玉亭，吴缚龙，何深静，等 . 转型期城市低收入邻里的类型、特征和产生机制：以南京市为例［J］. 地理研究，2006，25（6）：1073–1082.
［72］郑思齐，张英杰 . 保障性住房的空间选址：理论基础、国际经验与中国现实［J］. 现代城市研究，2010，25（9）：18–22.
［73］宋伟轩 . 大城市保障性住房空间布局的社会问题与治理途径［J］. 城市发展研究，2011，18（8）：103–108.
［74］马曙晓，田小平，冯华 . 保障性住房规划及空间选址的社会学分析［J］. 河北学刊，2012，32（5）：119–122.
［75］翟宇鸣，冯长春 . 我国保障性住房空间布局的优化策略研究［J］. 特区经济，2012（9）：211–213.
［76］郭药 . 南京市保障性住房空间布局特征及优化策略研究［J］. 现代城市研究，2011（3）：83–88.
［77］张京祥，陈浩 . 南京市典型保障性住区的社会空间绩效研究［J］. 现代城市研究，2012（6）：66–71.
［78］杨红平，宋伟轩 . 保障房空间布局中的问题及解决途径［J］. 城市问题，2012（3）：49–53.
［79］沈昊婧，冯长春 . 经济适用房空间布局分析［J］. 城市发展研究，2012，19（6）：111–116.
［80］周素红，程璐萍，吴志东 . 广州市保障性住房社区居民的居住——就业选择与空间匹配性［J］. 地理研究，2010，29（10）：1735–1745.
［81］张祚，李江风，刘艳中，等 . 经济适用房运行机制下的城市居住空

间分异与社会公平［J］. 中国软科学，2008（10）：37-43.

［82］张祚，李江风，陈双，等. 经济适用住房在城市中的空间分布［J］. 地理学报，2011，66（10）：1309-1320.

［83］丁旭. 保障性住房适建性评价及其空间区位选择［J］. 城市规划，2012（9）：70-76.

［84］柴彦威，申悦，马修军，等. 北京居民活动与出行行为时空数据采集与管理［J］. 地理研究，2013，32（3）：441-451.

［85］刘望保，闫小培，陈忠暖. 西方国家关于城市通勤的研究回顾与展望［J］. 经济地理，2009，29（3）：402-408.

［86］刘定惠，朱超洪，杨永春. 基于地理学视角的我国城市通勤研究进展［J］. 城市发展研究，2012，19（10）：55-59.

［87］刘志林，张艳，柴彦威. 中国大城市职住分离现象及其特征——以北京市为例［J］. 城市发展研究，2009，16（9）：110-117.

［88］WANG D，CHAI Y.The jobs-housing relationship and commuting in Beijing，China：the legacy of Danwei［J］.Journal of Transport Geography，2009，17（1）：30-38.

［89］ZHAO P，BIN LÜ，ROO G D.Impact of the jobs-housing balance on urban commuting in Beijing in the transformation era［J］.Journal of Transport Geography，2011，19（1）：59-69.

［90］文婧，王星，连欣. 北京市居民通勤特征研究［J］. 人文地理，2012，127（5）：62-68.

［91］赵晖，杨开忠，魏海涛，等. 北京城市职住空间重构及其通勤模式演化研究［J］. 城市规划，2013，312（8）：33-39.

［92］邓毛颖，谢理. 广州市居民出行特征分析及交通发展的对策［J］. 城市规划，2000，24（11）：45-49.

［93］LI S.Evolving Residential and Employment Locations and Patterns of Commuting under Hyper Growth：The Case of Guangzhou，China［J］. Urban studies，2010，47（8）：1643-166.

[94] 周素红，闫小培．基于居民通勤行为分析的城市空间解读——以广州市典型街区为案例［J］．地理学报，2006，61（2）：179-189.

[95] 周素红，刘玉兰．转型期广州城市居民居住与就业地区位选择的空间关系及其变迁［J］．地理科学，2010，65（2）：191-201.

[96] 孟庆艳，陈静．城市居民通勤活动行为的时空特征研究——以上海浦东新区为例［J］．交通与运输（学术版），2006（7）：6-9.

[97] CERVERO R，DAY J.Suburbanization and transit-oriented development in China［J］.Transport Policy，2008，15（5）：315-323.

[98] 程龙，陈学武．基于结构方程的城市低收入通勤者活动出行行为模型［J］．东南大学学报（自然科学版），2015，45（5）：1013-1019.

[99] 曲大义，于仲臣，庄劲松，等．苏州市居民出行特征分析及交通发展对策研究［J］．东南大学学报（自然科学版），2001，31（3）：118-123.

[100] 姜军，段进，陈沧杰，等．通勤距离、通勤时间及其与职住平衡的关系研究［J］．现代城市研究，2015（7）：119-123.

[101] 李峥嵘，柴彦威．大连市民通勤特征研究［J］．人文地理，2000，15（6）：67-72.

[102] 周江评，陈晓键，黄伟，等．中国中西部大城市的职住平衡与通勤效率——以西安为例［J］．地理学报，2013，68（10）：1316-1330.

[103] 奥沙利文．城市经济学［M］．北京：北京大学出版社，2015：327-328.

[104] 郑思齐，张文忠．住房成本与通勤成本的空间互动关系——来自北京市场的微观证据及其宏观含义［J］．地理科学进展，2007，26（2）：35-42.

[105] 周江评．“空间不匹配”假设与城市弱势群体就业问题：美国相关研究及其对中国的启示［J］．现代城市研究，2004（9）：8-14.

[106] 李纯斌，吴静 ."空间失配"假设及对中国城市问题研究的启示[J]. 城市问题，2006（2）：16-21.

[107] 郑思齐，龙奋杰，王轶军，等 . 就业与居住的空间匹配——基于城市经济学角度的思考[J]. 城市问题，2007（6）：56-62.

[108] 刘志林，王茂军，柴彦威 . 空间错位理论研究进展与方法论评述[J]. 人文地理，2010（1）：1-6.

[109] 戴柳燕，焦华富，肖林 . 国内外城市职住空间匹配研究综述[J]. 人文地理，2013（2）：27-31.

[110] 虞晓芬，高鋆，梁超 . 国内外空间失配理论的研究进展述评[J]. 经济地理，2013，33（3）：15-21.

[111] 刘志林，张艳，柴彦威 . 中国大城市职住分离现象及其特征——以北京市为例[J]. 城市发展研究，2009，16（9）：110-117.

[112] 刘宝奎，冯长春 . 大城市外来农民工通勤与职住关系研究——基于北京的问卷调查[J]. 城市规划学刊，2012，202（4）：59-64.

[113] FAN Y，ALLEN R，SUN T.Spatial mismatch in Beijing，China：Implications of job accessibility for Chinese low-wage workers [J]. Habitat International，2014，44：202-210.

[114] 皮特 . 现代地理学思想[M]. 周尚义，等译 . 北京：商务印书馆，2007：118-122.

[115] EDWARD W，SOJA. 第三空间[M]. 陆扬，等译 . 上海：上海教育出版社，2005：77-81.

[116] 吴启焰，任东明，杨荫凯，等 . 城市居住空间分异的理论基础与研究层次[J]. 人文地理，2000（3）：1-5.

[117] SHEVKY E，BELL W.Social Area Analysis [M].Stanford，CA：Stanford University Press，1955.

[118] CLARK W A V.Residential preferences and residential choices in a multi-ethnic context [J].Demography，1992，29：451-466.

[119] KERBO H R.Social Stratification and Inequality：Class Conflict in

Historical (fifth edition), Comparative, and Global Perspective [M]. New York: MacGraw Hill, 2003: 272.

[120] OSCAR L.Five Families: Mexican Case Studies in the Culture of Poverty [M].New York: Basic Books, 1959: 88.

[121] 诺克斯，迈克卡西 . 城市化 [M] . 顾朝林，等译 . 北京：科学出版社，2009：365.

[122] 李健，宁越敏 . 西方城市社会地理学主要理论及研究的意义 [J]. 城市问题，2006 (6)：84–89.

[123] ALONSO W.A Theory of the Urban Land Market [J] .Papers and Proceedings on the Sixth Annual Meeting of the Regional Science Association, 1960 (1) : 149–157.

[124] MUTH R F.Cities and Housing [M] .Chicago: Chicago University Press, 1969.

[125] WINGO L.Transportation and Urban Land [M] .Baltimore: Johns Hopkins Press, 1961.

[126] MILLS E S.Studies in the Structure of the Urban Economy [M] . Baltimore: Johns Hopkins Press, 1992.

[127] SANCHEZ T W, SHEN Q, PENG Z.Transit Mobility, Jobs Access and Low–income Labour Participation in US Metropolitan Areas [J] .Urban Studies, 2004, 41 (7) : 1313–1331.

[128] IHLANFELDT K R, SJOQUIST D L.The Spatial Mismatch Hypothesis: A Review of Recent Studies and Their Implications for Welfare Reform [J] .Housing Policy Debate, 1998, 9 (4) : 849–892.

[129] HOLZER H J.The Spatial Mismatch Hypothesis: What Has the Evidence Shown? [J] .Urban Studies, 1991, 28 (1) : 105–122.

[130] EAGAN J V, COLLEGE M.Spatial Mismatch: A Third Generation Survey [J] .A Journal of Research on African American Men, 1999, 10 (1) : 35–50.

[131] LI H, CAMPBELL H, FERNANDEZ S.Residential Segregation, Spatial Mismatch and Economic Growth across US Metropolitan Areas[J]. Urban studies, 2013, 50(13): 2642-2660.

[132] VALERIE P, SARA M.Spatial mismatch research in the 1990s: progress and potential [J].Regional Science.1999, 78(4): 387-402.

[133] KAIN J F.A Pioneer's Perspective on the Spatial Mismatch literature[J]. Urban Studies, 2004, 41(1): 7-32.

[134] MARTIN R W.Spatial Mismatch and the Structure of American Metropolitan Areas, 1970—2000 [J].Journal Of Regional Science, 2004, 44(3): 467-488.

[135] ELEONORA P, YVES Z.Spatial Mismatch, transport mode and search decisions in England [J].Journal of Urban Economics.2005, 58(1): 62-90.

[136] 巴比.社会研究方法[M].北京:华夏出版社,2009:184-206.

[137] 宋彦,彭科.城市空间分析 GIS 应用指南[M].北京:中国建筑工业出版社,2015:3-4.

[138] 王法辉.社会科学和公共政策的空间化和 GIS 的应用[J].地理学报,2011,66(8):1089-1100.

[139] 徐昂,杨东娴.数据共享与学科交叉研究——浅析社科领域的 GIS 系统应用[J].地理信息世界,2011,9(1):28-34.

[140] 李凡,朱竑.GIS 在历史及文化地理学研究中的应用——国外研究进展综述[J].人文地理,2009(1):41-47.

[141] 柴彦威,申悦,肖作鹏,等.时空间行为研究动态及其实践应用前景[J].地理科学进展,2012,31(6):667-675.

[142] 张岸,齐清文.基于 GIS 的城市内部人口空间结构研究——以深圳市为例[J].地理科学进展,2007,26(1):95-105.

[143] 肖根如,帅菲.GIS 技术在区域经济分析中的应用[J].地理空间信息,2007,5(1):75-77.

[144] 陈斐，郭朝辉，杜道生，等.基于GIS的区域经济分析与决策初步研究[J].人文地理，2002，17（6）：77-80.

[145] 周素红，周冰艳.GIS辅助城市用地结构分析与用地调整的应用初探[J].人文地理，2002，17（6）：81-84.

[146] 孙斌栋，吴雅菲.中国城市居住空间分异研究的进展与展望[J].城市规划，2009（6）：73-80

[147] 吴启焰.大城市居住空间分异的理论与实证研究[M].北京：科学出版社，2016

[148] 李小文，曹春香.地理学第一定律与时空邻近度的提出[J].自然杂志，2007，29（2）：69-71.

[149] IYENDA G.Researching urban poverty in sub-Saharan Africa[J].Development in Practice，2007，17（1）：27-38.

[150] JOHNSON C.A Re-count of Poverty in US Central Cities：Just Who and Where Are the Urban Poor?[J].Urban Studies，2007，44（12）：2283-2303.

[151] 邱皓政.潜在类别模型的原理与技术[M].北京：教育科学出版社，2008：27-41.

[152] 张洁婷，焦璨，张敏强，等.潜在类别分析技术在心理学研究中的应用[J].心理科学进展，2010（12）：1991-1998.

[153] 孟灿，武俊青，李玉艳，等.潜类别分析原理及其在聚类分析中的应用[J].中国卫生统计，2010，27（3）：237-239.

[154] 朱梅.基于多样本潜在类别的旅游者生态文明行为分析[J].地理研究，2016，35（7）：1329-1343.

[155] ELLEN I G，TURNER M A.Does Neighborhood Matter? Assessing Recent Evidence[J].Housing Policy Debate，1997，8（4）：833-866.

[156] DIETZ R D.The estimation of neighborhood effects in the social sciences：An interdisciplinary approach[J].Social Science Research，2002，31（1）：539-575.

[157] WILSON W J.Combating Concentrated Poverty in Urban Neighborhoods [J].Journal of Applied Social Science, 2013, 7 (2): 135-143.

[158] NYGAARD C, MEEN G.The Distribution of London Residential Property Prices and the Role of Spatial Lock-in [J].Urban Studies, 2013, 50 (12): 2535-2552.

[159] FRIEDRICHS J R, GALSTER G.Neighbourhood Effects on Social Opportunities: The European and American Research and Policy Context [J].Housing Studies, 2003, 18 (6): 797-806.

[160] 仝德，冯长春.国内外城中村研究进展及展望[J].人文地理，2009 (6): 29-35.

[161] 吴志刚，周素红.城中村改造：政府、城市与村民利益的统一[J].城市发展研究，2005 (2): 48-53.

[162] 吕斌，周琦.深圳近期城中村改造的规划控制及策略思考[J].中国国土资源经济，2006 (7): 25-32.

[163] 黎云，陈洋，李郇.封闭与开放：城中村空间解析——以广州市车陂村为例[J].城市问题，2007 (7): 63-70.

[164] HE S, LIU Y, WU F, et al.Social Groups and Housing Differentiation in China's Urban Villages: An Institutional Interpretation [J]. Housing Studies, 2010, 25 (5): 671-691.

[165] LIU Y T, HE S, WU F, et al.Urban villages under China's rapid urbanization: Unregulated assets and transitional neighbourhoods [J]. Habitat International, 2010 (34): 135-144.

[166] LIU Y, HE S.Chinese urban villages as marginalized neighbourhoods under rapid urbanization, 2010[M]// Wu F, Webster C.Marginalization in urban China: Comparative perspectives.London: Palgrave Macmillan, 2010.

[167] WU F.Urban Poverty in China [M].Northampton, MA: Edward Elgar Pub., 2010.